普通人的
财务自由
之路

东国 罗国华 著

华中科技大学出版社
http://press.hust.edu.cn
中国·武汉

图书在版编目(CIP)数据

普通人的财务自由之路/东国，罗国华著. —武汉：华中科技大学出版社，
2024.5
ISBN 978-7-5772-0799-5

Ⅰ.①普… Ⅱ.①东… ②罗… Ⅲ.①私人投资－通俗读物 Ⅳ.①F830.59-49

中国国家版本馆CIP数据核字(2024)第082176号

普通人的财务自由之路　　　　　　　　　　　　　　　东国　罗国华　著
Putongren de Caiwu Ziyou zhi Lu

策划编辑：	饶　静	
责任编辑：	陈　然	
封面设计：	琥珀视觉	
责任校对：	刘小雨	
责任监印：	朱　玢	

出版发行：华中科技大学出版社(中国·武汉)　　　电话：(027)81321913
　　　　　武汉市东湖新技术开发区华工科技园　　　邮编：430223
录　　排：孙雅丽
印　　刷：湖北新华印务有限公司
开　　本：880mm×1230mm　1/32
印　　张：9.125
字　　数：234千字
版　　次：2024年5月第1版第1次印刷
定　　价：68.00元

本书若有印装质量问题，请向出版社营销中心调换
全国免费服务热线：400-6679-118　　竭诚为您服务
版权所有　侵权必究

·自序·

记得是在2020年的夏天,在一次线下的培训课上,主讲老师给了我一次与二十多位学员分享财商知识的机会,学员中有高中生、大学生、机械工程师、医药销售、瑜伽教练、餐饮店老板等。

当我在开头问钱重不重要的时候,绝大部分学员的回答是钱很重要,并给出了自己的理由。有的学员说,有钱可以吃好的、穿好的、住好的、用好的;有的学员说,有钱可以过自己向往的自由生活;也有的学员说,有钱可以孝敬父母、帮助亲戚和朋友以及更多需要帮助的人。

其中,有两位学员的回答令人印象深刻。

一位是30岁左右的餐饮店老板。她说,自从两年前加盟一家餐饮连锁店以来,她收入一直比较稳定,虽然不是很富有,但也算衣食无忧,从未觉得钱有多么重要。但是,自从2020年新冠病毒感染疫情暴发以来,餐饮行业受到了巨大的冲击,她的店连续几个月都处于严重亏损的状态。不仅如此,由于之前也没有长期储蓄的意识,现在朝不保夕,她平生第一次深刻感受到了钱的重要性。

另外一位是高中一年级的学生。他的回答与众不同,他认为钱没有那么重要,比钱更重要的还有很多,比如感情、健康等,甚至表现出一副不屑于讨论钱的样子。

我完全能够理解这位餐饮店老板在疫情前后在金钱观念上的变

化,以及这位高中生在他那个人生阶段对金钱的看法,也不会对这位高中生表现出的不屑感到不高兴。不仅是因为我们要尊重和允许每个人的不同,更是因为曾经的我何尝不是这样呢?

在我近20年的学生时代,我只是觉得有钱挺好,可以满足很多需求、解决很多问题,但是就像这位高中生一样,我并没有觉得钱是不可或缺,并在未来的生活中要全力追求的东西。所以,无论是高考填报志愿的时候,还是考研的时候,甚至是找工作的时候,我从未把钱的因素放在非常重要的位置上。

直到参加工作后的第二年——25岁的时候,我才第一次真正因为钱的事情发愁,感受到了钱对一个人、一个家庭的重要性。

我的父亲从1997年到2003年一直在国外打工赚钱,攒下了给我买房和给他自己未来养老的钱。然而,在回国后的第三年,父亲在做房产投资的时候,被开发商所骗,损失了在国外辛辛苦苦攒下来的几乎一半的钱。

尽管我的父亲在家人面前很少表现出来,但我能感觉到,父亲对此事耿耿于怀。而那时的我,工资收入微薄,一个月只有1700元左右,更令我感到难受的是,除了工资收入之外,我没有其他办法赚到更多的钱为父亲做点什么。后来,随着我的父亲在2007年再次选择去国外打工,我也暂时把这件事情"放下"了。人嘛,只有接受无法改变的事实,才能"忘掉"心中的痛。

一直到35岁,距离上次的事情整整10年之后,在2015年年初和年底发生的两件事情,再一次让我深深地感受到了钱的重要性。

2015年春节过后,我的父母迎来了六十大寿。六十大寿对我们朝鲜族来说,是一个人一生中最为重要的两个生日之一,另一个是一周岁生日。然而,作为家中独生子的我,不仅没能为我父母的六十大寿生日宴跑前跑后，也没有足够的经济实力向父母表达我的孝心。这件事情一直让我感到愧疚，同时也成了我一生的痛。

到了2015年年底，有一天我的老婆跟我说，周末想去考察一下学区房。在考察的时候，之前很少关心学区房的我被高昂的房价惊呆了，甚至产生了一种绝望的感觉——这个学区房的价格增长速度比我的收入增长速度快多了，如果现在不买，以后还买得起吗？

我的老婆每到一个售楼处，先向销售员询问房价，然后询问有没有五六十平方米的小户型房。至今，我还清晰地记得，当她发现一个价格相对不高的小户型房时露出的那种灿烂的笑容。她一边拿着计算器计算房价，一边安慰我说，可以再攒点钱，过段时间再来看看。

我从老婆的眼睛里看到了她作为一个母亲想给孩子提供良好教育环境的渴望。与此同时，我还看到了当时还不知道自己的爸妈在干什么，只顾在旁边玩耍的女儿。就在那一刻，在那个寒冷的冬天，我再一次深刻地感受到了经济实力不足给一个家庭带来的窘迫。

不是有这样一段话吗？不要当父母需要你时，除了泪水，一无所有；不要当孩子需要你时，除了惭愧，一无所有；不要当自己回首过去时，除了蹉跎，一无所有。

在2015年的一头一尾，我深刻体会到了这段话的含义，更为讽刺的是，我的故事与这段话的内容何其相似！可以说，这段话就是我的情况的真实写照。

在那一年，已经35岁的我，想努力、想改变、想赚钱。然而，对我来说，最难的不是努力，也不是缺乏动力，而是我不知道我的出路在哪里，也不知道该如何找到那条出路。25岁到35岁的这10

年间，我并不是没有努力过，也从未放弃过自己，可就是不知道为什么，无论在职场上还是在个人财务上，始终没有太大的起色。

很多单位招聘时会把年龄限制在35岁以下，这足以说明35岁是一个人职场生涯某一个阶段的终点，同时也是下一阶段的起点。35岁，说年轻吧，也不年轻；说年老吧，也谈不上。但是，如果到了这个年龄还没有成就，或未找到自己人生方向的话，容易出现以下几种走向：一部分人，开始接受命运的安排，学会安慰自己，让自己的内心好受一些；而另一部分人，仍然选择挣扎下去，只是随着时间的推移，又有一部分人逐渐选择了放弃，开始接受命运，而有的人开始"柳暗花明"。

可以说，在2015年年底，站在人生的临界点，我陷入了极度迷茫的状态。

为了从迷茫的状态中走出来，我从2016年开始接触新的领域，参加了一些线上、线下的职场技能类以及NLP（神经语言程序学）等方面的培训课程。在参加这些课程的过程中，我的观念开始发生一些变化，同时也结交了一些志同道合的朋友。

一次偶然的机会，其中的一位朋友向我推荐了《富爸爸穷爸爸》，据说是非常好的关于理财方面的书。已无路可退的我，当天就在网络上查找，没有想到它是一套30本左右的系列丛书。我抱着试试看的心态，先买了其中的6本。随后，令人感到惊喜的是，在这些书中，我看到了不一样的世界、不一样的思维。在一本接一本阅读的过程中，我逐渐明白了，为什么无论在职场上还是在个人财务上，我长期扮演一个失败者的角色。

紧接着，我利用4个月的时间，一口气阅读完《富爸爸穷爸爸》全套系列丛书。在阅读这些书的过程中，我看到了走出迷茫人生的希望，尝到了学习的甜头，爱上了学习。从此，我开启了我的终身学习之路，也坚信这是我的人生"逆袭"之路。

从2017年开始，我到处求学，去过北京、广州、武汉、南昌等城市，拜师学艺，也上过很多线上的关于财商、投资理财以及个人成长方面的课程。与此同时，我每天保持6个小时左右的阅读时间，在过去的6年阅读了300多本关于财商、投资、个人成长等方面的书。

就这样，在一边学习一边践行的过程中，无论在职场上，还是在个人财务上，我都开始有了明显的好转。在职场上，2020年我顺利晋升为教授，成为我所在单位最年轻的教授之一；在个人财务上，通过积累资产，以及股票、基金的投资，家庭财富稳步增长，基本实现了财务自由。

可以说，持续的学习和践行，不仅让我彻底走出了迷茫的状态，更让我对未来有了更大的信心和更美好的憧憬。

我想现实生活中，还有很多人像曾经的我一样，仍在过着迷茫的生活。我深知这些人的痛苦和焦虑，甚至是绝望。所以，我非常希望通过本书，把最近几年学到的财商、投资，以及个人成长等方面的知识，告诉更多需要帮助的人，让他们早一点从迷茫的泥潭中走出来，并按照书中介绍的方式，迈向自己的财务自由之路。

从我自身和身边很多爱学习的人，以及很多已成为"大咖"的人的故事来看，财商是一个人正确努力、持续努力的基础。本书的

第一章重点讨论早一点树立正确的金钱观对一个人的重要性。通过各种"财伤"与财商案例的分析，指出在没有学历、人脉、背景的情况下，普通人如何实现"逆袭"，获得自己想要的人生。

第二章，通过介绍财商领域中非常重要的五个概念，以及对财务状况的"体检"，指出很多人普遍存在的财务管理问题，并提供实现财务自由的简单公式和清晰的思路，让普通人感受到曾经遥不可及的财务自由梦想并不是那么遥远。

第三章，重点讨论为什么很多人看似很努力，也难以成为富人，而少数人可以轻松地赚到很多钱；给还在迷茫中的人和年轻的读者，提供三种可选择的收入组合模式；通过第二曲线创新理论，以及案例的分析，提出想赚更多的钱需要掌握的四项基本技能；通过案例分析，指出想变富要破除的两种思维、一种心理。

第四章，重点讨论若要省钱，首先要建立的两种思维，以及要破除的一种障碍；提供日常生活中简单实用的三种省钱的方法；指出在财富管理中一定要避开的三大"坑"。

第五章，重点讨论投资系统对普通人积累财富、实现财务自由的重要性；介绍普通人可投资的几种资产的基本概念、特点；通过介绍保险的本质，强调保险在普通人践行财务自由之路中的重要性；介绍非常简单实用的金钱管理方法。

第六章，介绍股票投资的底层逻辑，如何判断一只股票有没有投资价值，如何对股市、股票进行估值，以及股票投资的仓位管理。

第七章，介绍巴菲特都极力推荐的指数基金到底有什么奥秘，以及可选择的几种投资方法。

与此同时，特别想强调的是，就像硬币除了有正反面之外，还有边缘一样，很多事情存在两面性，甚至是多面性。

只是大部分的人，会根据自己看到的、以为的事情的某一面，选择相对应的思维，以采取下一步的行动，而只有少数人，不仅能看到事情的多面，还能够通过积极的思维，把看似负面的事情朝正面的方向转换。

比如，在高中阶段学习成绩一直很优秀的学生，由于高考发挥失常，与自己心目中的大学失之交臂。此时，这个学生有多条路可以选择，比如，抱怨自己的命运，一蹶不振，得过且过；或重新振作，誓要在考研或其他领域实现"弯道超车"，书写自己绝地反击的故事；或继续努力，再次参加高考等。

显然，在诸多的选择中，选择得过且过，无疑是最消极、最错误的，也是对自己的人生最不负责任的做法。

再比如，你恋爱多年的对象移情别恋，如果你只盯着过去的种种美好回忆，那自然难以在短时间内从痛苦中走出来，但如果你看到的是走了一个不爱你、不适合你的人，会有一个更爱你、更适合你的人等着你，显然更容易从痛苦中走出来。

也就是说，第一感觉不好的事情，大多数人看到的是其消极的一面，只有少数人看到的是积极的一面。其实，一件事情固然会有各种结果，但是事情是好是坏，不是取决于事情本身，而是取决于当事人看到的是哪一面，以及如何对待这件事情。

巴菲特的黄金搭档伯克希尔·哈撒韦公司的副主席查理·芒格曾经说过："我这一辈子只做两件事情——第一件事情是去发现什么是有效的，然后持续去做；第二件事情是寻找什么是无效的，然后坚决避免。"同时，他进一步解释说，在两者之中后者更加重要。

美国著名的作家弗朗西斯·斯科特·菲茨杰拉德说过："大脑

同时包容两种对立的观念却仍能正常思维，此种能力是判断顶级智慧的标准。"

此外，日本著名的企业家、作家稻盛和夫在《活法》这本书里也提道："人生/工作的结果＝思维方式×热情×能力。"

其中，热情与能力，都可以在0分到100分范围内打分；思维方式则最为重要，因为它有正有负，可以从－100分到100分范围内打分。

虽然这些名人用的词、描述的方式有所区别，但在我看来，表达的意思大同小异，即分清事情的多面性，用积极、正确、有效的思维，只做积极、正确、有效的事情，尽量避免甚至坚决隔离消极、错误、无效的事情。

当我具备了一定的思考能力，重新回顾25—35岁那段迷茫岁月的时候，我发现，迷茫的来源，不在于我没有努力过，而在于我不仅做了一些自己明明知道消极、错误、无效的事情，还做了很多自己以为积极、正确、有效，实则消极、错误、无效的事情。导致的结果就是，即便我做了一点积极、正确、有效的事情，更多消极、错误、无效的事情也会像地球引力一样，把我死死地往下拽，让我无法"飞"起来，而我对此浑然不知。

因此，本书的出发点是：在财商、投资、个人成长等方面，不仅要提供积极、正确、有效的思维和方法，更要指出消极、错误、无效的做法，让你在实现财务自由的道路上少走弯路。

不走弯路，就是最快的路。

目录
CONTENTS

第一章
重塑你的金钱观，迈向财务自由

第一节　重新认识金钱与你人生的关系　　　　　　2
第二节　是什么决定了你的金钱观？　　　　　　　8
第三节　不要让你现在的不着急，变成未来的后悔莫及　13
第四节　"财伤"的根源，在于财商　　　　　　　19

第二章
实现财务自由，比你想象的更容易

第一节　实现财务自由，你要清楚这5个概念　　　32
第二节　实现财务自由，还要掌握这个工具　　　　40
第三节　静下心，先对你的财务状况进行一次"体检"　55
第四节　普通人实现财务自由的"终极秘籍"　　　63

第三章
如何增加你的收入？

第一节　为什么很努力，挣到的钱却不多？　　　　74
第二节　你的收入模式可以这样升级　　　　　　　87
第三节　掌握这4项能力，让你赚到更多的钱　　　96
第四节　想赚钱，要摒弃这2种思维、1种心理　　113

第四章
如何守住你的钱？

第一节	想省钱，先建立这2种思维	126
第二节	想省钱，还要消除这个"阻碍"	133
第三节	日常生活3种实用的省钱方法	139
第四节	要守住钱，还要避开这3个"坑"	147

第五章
进可攻退可守：打造你的投资系统

第一节	你的投资需要一个"管道"，以做到长期稳定盈利	156
第二节	普通人投资离不开的资产：货币、债权和股权	164
第三节	财务自由之路上，要懂得与保险"交朋友"	173
第四节	利用好这5个账户，从此告别混乱的金钱管理	182

第六章
普通人能轻松上手的股票投资方法

第一节	股票投资的底层逻辑是什么？	190
第二节	怎样判断一只股票有没有投资价值？	198
第三节	懂得对股市和企业估值，投资才能心中有数	212
第四节	什么时候买入股票？什么时候卖出股票？	226

第七章
玩转指数基金，这么做就对了

第一节	巴菲特也极力推荐的指数基金到底有什么奥秘？	238
第二节	三招玩转基金定投，让你的收益稳步增长	246
第三节	有什么投资方法让你平稳穿越牛熊市？	257
第四节	几年后需要一笔钱，怎么靠投资实现？	265

第一章

重塑你的金钱观,迈向财务自由

· 第一节 ·

重新认识金钱与你人生的关系

在现实生活中,绝大多数的人会选择上学念书作为人生道路的开端,从小学开始正式念书,上初中、高中、大学。在这条较为漫长的学业道路上,由于各种各样的原因,一部分人会在中途选择其他的人生路径,还有一小部分人选择了继续自己的学业,念到了硕士乃至博士。

从当今社会的趋势看,无论是国内,还是国外,本科学历以上的人群比例逐渐增大,念到硕士的人大有人在,博士也不是很多年前那样的"稀有动物"了。

以我所在的研究院(环境科研事业单位)为例,在职人员的数量长期稳定在120—140人。2004年,我来到单位的时候,拥有博士学位的只有2人,拥有硕士学位的不到10人。而如今,拥有博士学位的已有30多人,拥有硕士学位的也有40多人。

十多年、二十多年寒窗苦读之后,这些高学历的人开启了职场生涯,其中不少人以为毕业了,终于解放了,然而,过了一段时间之后,他们会发现这只是新的开始,还需要为了升职、晋职称、获取各种成果而继续努力下去。这对选择这条道路的绝大多数的人来说,意味着没有尽头,没有高枕无忧。尽管前半生在学业道路上已经付出了很多努力,但下半生还要在职场道路上继续努力下去,直到退休。

而那些在学业的中途停下来的人,除非是含着金钥匙出生,否则不得不在不同的道路上做出人生的选择,有的人会选择卖苦力打工,有的人会学一门手艺,有的人会选择做生意……总之,人们会选择各自的道，更为确切地说是"财道"。

以上是从长达几十年的人生不同阶段的角度，简单分析了大多数人的一生。进一步，从不同的人每一天生活状况的角度，我们再次审视一下人的一生。

首先，我们观察一下早晨的景象：很多上班族和学生是做不到自然醒的，不少人是着急忙慌地起床，快速洗漱，简单吃点早餐之后出门，其中一部分人还要挤地铁、挤公交车；做小生意的人呢，不少人需要从大清早开始忙碌起来，比如去批发市场进货、出摊等；出租车司机们也需要早点起床，与夜班司机换班之后，开始白天的工作；不少自媒体工作者很早就起床，开始一天的工作。

再看看晚上的景象：很多学生回到家之后，不仅要完成学校的作业，还要上各种线上或线下的补习班；有的上班族还需要在单位加班，也有不少人即便回到家，为了准备各种资格考试或提高工作中所需要的技能，也要不断地学习；很多做小生意的人，从一大早开始忙碌，到晚上还在忙碌着；很多做销售或工程项目的人，为了提高业绩、拿到项目，笑着脸陪客户吃饭、喝酒，尽管很多人的内心很不情愿，身体状况也不允许。

显然，不论从大尺度的人生不同阶段的角度看，还是从小尺度的不同的人一天生活状况的角度看，我们都能够看出，尽管很多人没那么开心，甚至是不情愿，但很多时候人们没有其他选择，该上学的时候就要上学，该上班的时候就要上班。

那么，人一辈子就这样学习和工作，到底是为了什么呢？

根据马斯洛需求层次理论（见图1-1），人们的需求从低到高，包括生理需求、安全需求、归属与爱的需求（社交需求）、尊重的需求、求知的需求、审美的需求、自我实现的需求、超越的需求。其中，前三个需求为缺失性基础需求,后五个需求为成长性高层级需求。

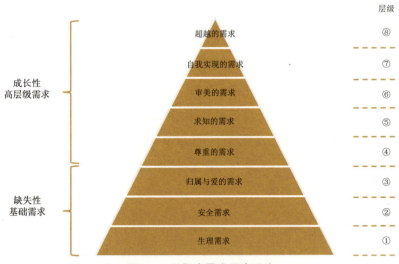

图1-1 马斯洛需求层次理论

或许一些人不愿意承认,也不愿意接受这个现实,但不可否认的是,对绝大多数的人来说,他们付出努力,首先是为了赚取更多的钱,以满足生理、安全、归属与爱等方面的需求。与此同时,人们普遍会在拥有一定经济基础的条件下,追求更高层次的需求。

所以,我们也不难理解《百万富翁的智慧和生活钥匙》的作者史蒂夫·格瑞葛所说的这句话:"在生活中有三种东西是每一个人都需要并渴求的——财富、健康和爱,任何事物都是由这三点派生出来的。"

有些人说健康比金钱重要,也有些人说感情比金钱重要。其实,在我看来,三者之间不是相互比较的关系,更不是相互排斥的关系,而是在不同的人身上产生不同的效果。其中,钱在这些关系中起到"放大镜"的作用。

对自律的人来说,有钱意味着可以享受到更健康的食物、更好的居住条件，以及医疗条件等，让自己更加健康；而对不自律的人来说，有钱意味着他们会大吃大喝、为所欲为，损耗自己的健康。

对注重感情的人来说，有钱意味着会有更多的资源去创造更好的生活环境，让家人享受更美好的生活，从而促进彼此的感情；而对薄情的人来说，有钱意味着他们会做出伤害别人的事情，暴露本性。

所以，不是钱让一个人不够健康，而是其人原本就不够自律；不是钱让一个人变得更坏，而是其人原本就这样，只是一直没有暴露自己的本性而已；不是钱破坏了彼此的感情，而是彼此的感情原本就没有那么牢固。

话说回来，如果连必要的经济条件都没有呢？什么叫必要的经济条件？就像曾经的我一样，在父母六十大寿的时候，也拿不出几个钱孝敬父母；该给孩子准备学区房的时候，也买不起……所谓必要的经济条件，就是满足这些需求的钱啊。

如果我们软弱无力，连必要的经济条件都没有，如何给予自己最亲的人足够的安全感呢？口口声声说，感情重要、健康重要，可是如果连必要的经济条件都没有，如何保障亲人们的幸福和健康呢？

所以，用通俗的话讲，对绝大多数人来说，努力学习、努力工作，首先是为了掌握更多的知识和技能，从而赚取更多的钱，让自己和家人更加健康、幸福。只是有些人比较早意识到这一点，而有些人比较晚才意识到。

在满足自身必要的经济条件的基础上，继续努力，随着自身技能和思维层次的提高，我们还可以利用钱这个"放大器"做更多有意义的事情，体现自己的价值，以满足自己更高层级的需求。

我们从另一个角度探讨一下金钱与人生的关系。

我们都知道，毕业证书、学位证书、各种竞赛的获奖证书、优秀学生奖状，以及大大小小各种考试的分数等，这些都是学生时代的成绩。这些成绩体现着一个人的学习能力、所付出的努力，甚至对自己的人生负责的态度。

顺着上面的思路，我们就会明白，收入、财务状况大致能够反映出一个人在职场上、生活上的成绩。

刘润老师在《底层逻辑》一书中提到，人生的商业模式＝能力×效率×杠杆。

通过这个公式，我们能够了解到，一个人创造的财富是能力、效率，以及杠杆等因素的综合结果。其中，能力的背后体现的是一个人有没有努力工作和学习，有没有进行有针对性的练习，有没有持续地精进等；效率的背后，蕴含着一个人有没有对知识和能力进行高质量的选择，有没有掌握并使用高效的方法和工具等；杠杆，意味着有没有通过团队、产品、影响力等在时间和空间维度上发挥更大的价值。

显然，对大多数的人来说，比起学生时代的成绩单，进入职场后的成绩单——收入、财务状况，能够更为客观地反映出一个人在工作、学习乃至生活上的综合情况。

那些收入较高、财务状况较好的人，大多过着勤奋、高效且自律的生活，在体现人生更大价值的同时，积累了更多的财富。

然而，更为现实的情况是，很多人为了满足生理、安全、归属与爱等方面的需求，疲于奔命，没有静下心来认真思考自己的人生，也没有通过学习提升自己的认知层次，再加上周围大多是同类，导致的结果是自己被禁锢在自己的世界里，理所当然地以为人生就是这样的。

只有极少数的人意识到人生的价值、意义与财富是相辅相成的关系。体现自己的人生价值、活出人生的意义，自然就能够创造出更多的财富；而有了财富，不仅会有更多的时间思考自己的人生，用自己的优势创造更多的价值，而且会有更多的资源做出很多有意义的事情。

心理学中有一个"损失厌恶现象"，是指人们面对同样数量的收益和损失时，认为损失更加令他们难以忍受，同量的损失带来的负效用为同量收益正效用的2.5倍。

例如，人们在股市赚到1万元时候的喜悦程度，与亏损1万元时候的痛苦程度，这两个感受不仅方向相反，感受的强度相差也很大；亏损1万元时候的痛苦程度，与盈利2.5万元时候的喜悦程度，感受的强度差不多，只是方向不同罢了。

归根结底，"损失厌恶现象"反映的是，相对收益，人们更讨厌损失。

通过"损失厌恶现象"，我们也不难理解，人们为什么拼命去守护通过疲于奔命获得的生理需求、安全需求、归属与爱的需求的满足。然而，很多人没有想到的是，拼命去守护的东西，很多时候反而会禁锢人们的思维，让人失去原本可以追求更多、更高层次需求的梦想，不仅包括被尊重、自我实现等需求，还包括人类的天性——追求自由。

疲于奔命意味着有太多的限制，不仅让人们感到不够自由，更是阻碍了人们成为更好的自己，无法活成自己想要的样子。

显然，若心存梦想，或不甘心于现在的生活，我们就应该静下来重新思考自己的人生，重新调整，重新出发，去追求人生中更多的可能性。

· 第二节 ·

是什么决定了你的金钱观？

我们不难发现，不同的人为了赚钱，选择了不同的道路，有上班的、有创业的、有做投资的等等，甚至极少数人走上了铤而走险的道路。

我们在新闻、电视剧、现实生活中都能看到，陌生人之间、同事之间、朋友之间乃至亲戚之间的各种经济利益纠纷，很多原本还算不错的关系因此走向破裂。

不仅如此，从古至今，国家与国家之间、民族与民族之间的摩擦、战争，很多时候也是为了争夺各种资源和利益。

明明是如此重要的钱，为什么包括曾经的我在内的一些人，仍然觉得钱没有那么重要呢？

我们无法否认，极少数人追求的是超凡脱俗。但是，对绝大多数人而言，尤其是对家庭条件起点较低的普通人来说，不在乎钱意味着至少缺少了极其重要的奋斗动力和奋斗理由。

人们从来不缺乏消费的经历，然而，绝大多数人从未通过学校或父母的教育，系统学习过财商知识。

按照百度百科对财商的定义，财商也称为"金融智商"，英文缩写为FQ（Financial Quotient），指个人或集体认识、创造和管理财富的能力，它包括观念、知识、行为三个方面。

显然，财商知识不仅包括对钱的重要性、流通规律的认知，还包括如何创造财富、如何管理财富，以及如何积极地行动等方面的知识，是系统性的知识。

财商与智商、情商并列，被誉为现代社会三大不可或缺的能力。只是，长期以来财商教育未能得到充分的重视，直到现在仍被很多人低估和忽视。

一直以来，学校重视的是自然科学、社会科学，以及专业技能等教育，希望学生们通过这些知识和专业技能，能够在社会上立足，为国家做出自己的贡献。也就是说，除了金融学、财会学等少数与钱打交道的专业之外，其他专业的学生并没有在学校接受过有关钱方面的教育。当然，金融学、财会学所教授的知识与财商知识不完全一致，但是相对其他专业，这两个专业显然与钱的物理距离近了很多。

再看看另一个教育的来源——原生家庭。父母对孩子的爱是伟大的、无私的，他们愿意给予孩子自己能够给予的一切。与此同时，父母也会教孩子们很多技能，包括如何吃、如何穿、如何走路、如何做人……只是，大多数父母并没有向孩子教授财商知识，更何况很多父母也没有系统学习过财商知识。

此外，在我国传统的观念里面，跟孩子讨论钱是不好的事情，父母生怕给孩子带来不好的影响让孩子走弯路，中国父母关于钱说得最多的就是"不要乱花钱"。久而久之，人们也难以正确地看待钱，甚至有时候不好意思提起钱，比如，很多人不好意思讨价还价，不好意思开口要回借出去的钱……

父母对孩子的教育，从小常说的还包括：好好学习，考上好大学。潜台词就是：考上好大学，将万事大吉。

然而，随着时间的推移，我们逐渐会明白，考上好大学，有个高学历，并不意味着可以赚很多钱，无须再努力，只能说明暂时赢在了起跑线上。人生是几十年的马拉松，并不是几年的短跑，大学四年甚至硕士、博士研究生阶段的学习固然重要，但不会对人生起决定性的作用。

也就是说，大部分人在成长阶段缺失了来自学校、原生家庭两大教育源头的财商教育，导致人们只能通过同学、朋友、同事或其他媒介看到、听到和体会到金钱对一个人、一个家庭的重要性。

人们普遍存在比较的心理，而且从小到大，我们一直是比较着过来的：学生时代比分数、学校、学历等，而在职场比职务、职称、业绩、收入等。与此同时，在各个阶段还时不时比一下物质条件。

在与自己的同学、朋友、同事甚至邻居比较物质条件的过程中，个人的幸福指数在不断变化着。所以，从另一个角度看，对一些人来说，比较反而成为他们努力的动力之一。

那么，为什么仍有一部分人，觉得钱没有那么重要呢？看来，除了比较之外，还有其他重要的因素影响着人们对钱的认知。直到有一天，我在一本书里看到了这样的一个故事，才明白了一部分人认为钱没有那么重要的原因。

假如，你走在沙漠中，已经有三天没有吃任何东西，只能朝着一个方向缓缓爬行。突然，出现一个卖矿泉水的人，试想你愿意支付多少钱购买第一瓶水、第二瓶水、第三瓶水呢？

不难得出，你可能愿意为第一瓶水付出所有的财富，因为它意味着你的生命得以延续；第二瓶水，你可能会支付一辆汽车的钱；第三瓶水，你可能会支付一部手机的钱。

尽管这个故事说明的是经济学中的"边际效用递减原理",但是我们也能够看到,人们在面对极端情况时,更容易意识到金钱的重要性。

也就是说,那些还未深刻意识到金钱重要性的人,很重要的一个原因就是他们还没有经历过由于金钱的不足而导致的刻骨铭心的事情。就像曾经的我一样,从小到大,家庭条件虽谈不上富裕,但也没有让我感受过拮据。因此,我对金钱重要性的认知,更多是通过各种途径看到、听到,从别人的故事中获得。

显然,别人的故事永远比不上自己经历过的事情那般直接、深刻。

既然在极端的情况下更容易意识到金钱的重要性,那么随着年龄的增长,经历的事情越来越多,即便是原来认为金钱没有那么重要的人,也会逐渐意识到金钱的重要性。不仅是因为结婚生子、买房、买车、孝敬父母等这种"标配"的事情需要去做,而且人们时不时会面临重疾、意外等非常规的事情。我相信,任何一个人在遇到了原本可以用钱来解决,却因没钱而无能为力的事情时,都会意识到金钱的重要性。

日本著名作家、财经专家本田健曾经采访过很多富豪,发现很多富豪都是在经历人生极大的苦难之后才意识到了金钱的重要性,并下定决心改变自己的人生。

著名财商教育家博多·舍费尔在他的著作《财务自由之路》里提到,在他6岁时,父亲因为肝硬化住院长达12个月的经历,改变了他的金钱观,他下定决心一定要在30岁之前成为一名百万富翁。

中国财商教育的"富爸爸"周文强在《用钱赚钱的活法》一书中提到,一场突如其来的大洪水把他父亲的砖厂冲毁,他的父亲从此欠下了35万元的债务。在他15岁那年,父亲由于无法偿还债务被带走,从此他下定决心，要辍学去外面赚钱救他的父亲。

说到这里，我们回过头来看一下本书的自序里提到的餐饮店老板和高中生。餐饮店老板之所以意识到金钱的重要性，显然是受到了新冠病毒感染疫情这种极端情况的影响。若不是遇到了疫情，她仍然意识不到金钱的重要性。

至于那位高中生，想必与我当年的情况差不多，在衣食无忧、还没有经历过什么意外或极端困境的情况下，容易形成钱没有那么重要的观念。怕就怕，当这位高中生意识到钱的重要性的时候，却无能为力。

我们用"冰山理论"进一步探讨一下，人们经历过的事情、周围的环境，是如何对一个人的观念起作用的（见图1-2）。

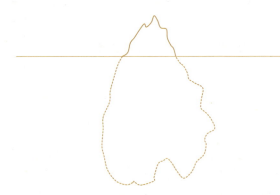

图1-2　冰山

通过"冰山理论"，我们可以得出很多重要的结论。

第一，对人和很多事物，看不见的部分（隐性部分）比看得见的部分（显性部分）更加重要，更具有决定性。例如，我们在工作、学习时的热情、态度等这些显性部分，是由"藏"在我们大脑中的认知、观念，以及工作和学习时的动力等隐性部分决定的。

第二，看不见的认知、观念、动力等隐性部分，又是由人们所处的环境和过去的经历决定的。例如，我们过去所接受的教育，以及接触过的人、过去的种种经历，决定了我们的认知、观念、动力等。

第三，在顺序方面，先有各种环境和经历，后形成与过去的环境、经历相对应的认知、观念、动力等，最后才有了与自己的认知、观念、动力等相对应的行为。

通过"冰山理论"，我们还可以得出，不光是对金钱的观念，很多观念都是人们所受到的教育和过去的种种经历的产物。然而，人生的很多经历不仅无法选择，也无法跨越，好在我们还有另一种方式——调整环境，即通过阅读书籍和学习财商课程，拉近与财商教育专家们的距离。通过学习的方式与那些财商教育专家们进行深入的"交流"，这岂不是最低成本的调整环境的付出？

所以，对我们这样的普通人，完全可以通过学习，改变对金钱的观念，提高对金钱流通规律的认知，从而改变命运。

·第三节·

不要让你现在的不着急，变成未来的后悔莫及

既然人们早晚都要意识到钱的重要性，我们从"早意识到、晚意识到"和"有无赚钱能力"的维度，用"二分法四象限"分析一下处在每一个象限里的人之间的差异（见图1-3）。

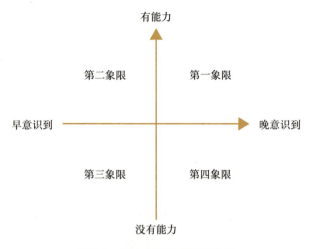

图1-3 能力与意识的四象限图

特别强调，早意识到和晚意识到是相对的概念，没有严格的年龄上的界限；有无赚钱能力也是相对的概念，可以理解为当你处在中老年时期最需要钱的时候，有没有赚钱的能力或积累的财富来面对它。

第一象限的人：对钱的重要性意识得比较晚，但后期具备较强的赚钱能力或已经积累较多财富的人；

第二象限的人：对钱的重要性意识得比较早，后期具备较强的赚钱能力或已经积累较多财富的人；

第三象限的人：对钱的重要性意识得比较早，但后期不具备较强的赚钱能力，也没有积累较多财富的人；

第四象限的人：对钱的重要性意识得比较晚，后期不具备较强的赚钱能力，也没有积累较多财富的人。

较早意识到的人相较于晚意识到的人，对钱的认知更为丰富一些，在生活中会更加关注赚钱高手们如何赚钱，不断思考和寻找各种赚钱的方法，逐渐培养对钱的敏锐性。

就像系统往往是由若干个要素组成的一样，很多赚钱的项目，都是由若干个环节构成的，需要学习每一个环节的知识和技能。因此，较早意识到的人大概率会早意识到学习的重要性，从而开始注重学习，并开始专注在适合自己的领域里深耕。

与此同时，在一边学习和一边践行的过程中，会进一步发现自己需要加强的知识或技能越来越多，从而会继续学习。如此循环，使自己长期处于学习，以及对自己的人生目标有意识的状态。

如果在中学、小学甚至更小的时候，通过财商教育意识到了金钱的重要性，掌握了金钱的流通规律，势必将对未来的人生起到非常重要的作用。可以想象，这些人在选择未来的人生方向，包括选择大学、城市、专业以及工作的时候，始终都会保持有意识的状态，从而拥有更为清晰的人生目标和成长路径。

反过来，像曾经的我一样较晚意识到的人，在早些时候，对未来的人生没有清晰的规划，在做相关的选择时，全凭自我感觉或其他人的建议。到了大学，也不会主动去观察那些优秀的人、拥有清晰目标的人与自己哪里不一样，从而难以主动学习。

不懂得主动学习，带来的后果是永远也感受不到学习的重要性，自然而然地，这种状态会长期循环下去。更为重要的是，不主动学习意味着即便一个人毕业于较好的大学、有较高的学历，在后期也难以具备较强的赚钱能力。更令人感到难受的是，当他有一天意识到金钱的重要性的时候，也不知道自己的问题出在哪里。

此外，以我和周围很多名牌大学毕业的博士的经历来看，高学历并不意味着懂得学习的重要性。很多高学历者并不是主动选择继续学习，而是被动选择继续学习的，比如，为了满足父母的高学历梦、为了未来更好找工作……被动学习意味着学习是个苦差事，更多是奔着毕业证去学的。更为有效的学习是主动式的，有一个清晰的人生目标，走好每一个阶段，也为下一个阶段做准备，学习一个又一个知

识、攻克一个又一个难关,践行自己规划的人生路径。

我有一位从小到大一起长大的朋友,父母都是农民,他在家里排行老三,上面有双胞胎的姐姐,家庭条件一直不太好。相对拮据的生活,让他很小的时候就意识到了金钱的重要性。他在1998年的夏天参加高考前跟我说,考上心目中的一本大学之后,他首要的目标是毕业5年后赚100万,10年后赚500万,这在当时看来是一个很大的数额了。

学习成绩比他好得多的我,之前都从未有过这种幻想,当时就当笑话听,还时不时给他泼冷水。没有想到的是,尽管他最终上的只是一所当地的三本学校,但是他在学校期间一直有一个清晰的人生目标,按照既定的目标不断积累相关的知识,每年阅读50本左右的书。

毕业后,他在面试一家世界500强企业的时候,在70多名应聘者中脱颖而出。当时我问他,你的学校、学历都这么普通,他们为什么会选择你呢?他轻描淡写地说,他知道这是难得的人生机遇,应聘时完全把自己豁出去了。其实,哪里有他说的这么简单,他之所以能够应聘上,关键在于在校期间的积累。

后来,他一边努力工作,一边保持学习的习惯,工作不到10年的时间,就做到了该企业在东北三省空调销售总经理的位置,早已经实现了他当初制定的目标。之前在他面前优越感十足的我,反而在他面前不再自信,甚至有一点自卑。

另一方面,晚意识到钱的重要性的人,相对早意识到钱的重要性的人,自然会缺乏"钱"这一个重要维度的动力。他们不仅对钱是一种无意识的状态,而且人生的目标相对而言也不够清晰,一点一点浪费了很多改变命运和主动学习的时间和机会。

其结果就是,当他们在人生的历程中通过某件事情逐渐意识到金钱的重要性而自己却无能为力的时候,容易陷入焦虑、迷茫的状态。

然而，在这些处于迷茫的人群中，一部分人由于年龄大或自信心不足，心态崩溃，开始接受自己的命运；而另一部分人开始想办法，例如更加努力地工作、参加各种职业资格考试、请教高手等。在我看来，更为直接的走出迷茫的方法就是，先学习财商知识，了解富人与普通人在思维模式、行为模式等方面的差别，然后把自己的优势、兴趣与富人的思维模式、行为模式等结合起来，更有针对性地学习。

其实，在我迷茫的那10年，我从未放弃过对专业知识的学习，也看过几本有关情商、时间管理等方面的书，也通过了注册咨询工程师之类的职业资格考试，可是从没有一本书或相关知识，像《富爸爸穷爸爸》这套书那样，不仅让我看清了很多之前无论如何也想不明白的事情，更为重要的是重新点燃了我人生的希望。

在我最近几年的学习过程中，我在线上、线下结交了很多志同道合的朋友。在同很多与我年龄相仿的朋友们聊天的过程中我发现，他们中的很多人都是从阅读《富爸爸穷爸爸》开始，逐渐走出了迷茫的生活，意识到学习的重要性，开始了终身学习之路。

当然，所有的事情不能一概而论，在早意识到钱的重要性的人群中，势必也有很多不愿意付出努力的人；在晚意识到钱的重要性的人群中，也会有持续努力的人，他们尽管没有直接奔钱而去，但在不断付出努力的过程中，无意间练就了赚钱的能力。

显然，在所有象限关系中，第二象限好于第一象限，第一象限好于第三、第四象限，第三象限与第四象限相差不大。第三象限的人，之所以没有获得赚钱的能力，可能有不够努力、选择的路径和方法不对等各种各样的原因，但是，从概率的角度来说，早意识到钱的重要性会远远优于晚意识到。就像美国最受欢迎的理财博主克丽丝特尔·佩因在她的书《有钱人穷的时候都在做什么》里提到的那样，如果一个人没有想要成为有钱人的强烈欲望，那么他终生也赚不到大钱，所

以最好让自己感受到贫穷的切肤之痛,这样才能激起赚钱的渴望。

进一步,晚意识到钱的重要性,意味着即便从现在开始努力,现在的起点依然是早意识到人群几年前甚至是几十年前的起点。更令人担忧的是,晚意识到的人即便开始努力了,但就因为起步较晚,更容易产生焦虑,从而半途而废。

所以,我特别想说的是,千万不要让你现在的不着急、不在乎、无意识,变成未来的后悔莫及。

2014年9月,NHK(日本广播协会)播出了《"老后破产"的现实》纪录片,主要讲述日本国内部分老人晚年的生活状态。通过纪录片可以看到,即便是在日本这样的发达国家,也有很多老人靠着微薄的养老金勉强维持生计,而且这类"老后破产"的现象已经有蔓延之势。

在节目中,接受采访的很多老人均表示,曾经以为只要年轻时认真工作,等待他们的应该是悠然又舒适的晚年,却没料到"老后破产"这种事情会发生在自己身上。

其实,在任何一个国家和地区都会有贫富差距,有富的人,也有穷的人。也就是说,上述"老后破产"的情况在谁的身上发生都不是什么意外的事情。

只是,我们需要明白的是,若在年轻时没有为自己年老后的生活积累足够的财富,那么在晚年就不得不为生活继续奋斗下去。就像一个人在年轻的时候,没有做好身体管理,自然会在年老时不得不为了健康,比其他人操更多的心一样。人活在世上很多东西是"恒定"的——前期做得少了,就需要后期的努力来补偿。

因此,我们应该在年轻时一边努力、高效地工作,一边为自己的未来设定目标、预防可能的风险，从现在开始重视钱、琢磨钱、追求钱，从而让自己的老年生活过得更加舒适体面，不依靠别人，更不麻烦别人。

与此同时，对过去的事情，我们也不必过多地懊悔，因为你所做的一切，都是当时的你看来最佳的选择。我们唯有通过学习改变思维，带来正确的行动，从而改变我们的人生。

·第四节·
"财伤"的根源，在于财商

记得是在2010年夏天的一个晚上，我与小时候一起长大的五六个朋友吃饭的时候，大家纷纷提到了我们周围的一些牛人——没有高学历，更没有什么特殊的家庭背景，白手起家，通过自己的努力，积累了令我们几个都非常羡慕的财富。

比如，我们老家有一位女商人，从20世纪80年代末（她那时候30岁左右）开始，开过台球厅、小型游戏机厅、大型游戏机厅、网吧……与其他同样做过这类生意的人不同的是，她不仅能够做到与时俱进，还做到了遍地开花。大约用了15年的时间，她从默默无闻的小人物，成了一个在当地人人皆知的有钱人。

再比如，与我们几个年龄相仿且在同一所中学一起上过学的一个朋友，别看他只有初中文化水平，却通过国内外贸易赚到了很多钱，年纪轻轻就住上了别墅，开上了豪车，早已成为我们这些人心目中的牛人。

就在大家谈论这些牛人的时候，其中一个同样只有初中文化水平的朋友一边微笑、一边朝着我说了至今让我记忆犹新的一句话："念

书是不是没什么用?"

虽然在我看来,他这么说更有可能是想保护自己(当然,也不排除他真的认为念书没什么用),同时想通过我以及其他朋友们的肯定答案,进一步为当年没有好好学习寻求一丝安慰,从而让自己的内心好受一些。

然而,面对这样的话,尽管我知道它肯定不对,却不知道该如何反驳,一方面,在学历不高的朋友前面,强调学习、学历的重要性显得不合时宜;另一方面,当时的我的确也不清楚,为什么有不少学历并不高、出身也很普通的人,能够赚到很多钱、积累很多财富,而很多像我这样接受过良好教育的人,却赚不到很多钱。

的确,提起一个人的财富究竟跟什么有关系的时候,人们通常会想到跟学历高低有关、跟专业能力有关、跟所从事的行业有关、跟人际关系处理能力有关,甚至是跟家庭背景、运气等有关,似乎每一条都是那么重要,那么关键。然而,我们也通过各种途径看到、听到过很多案例,似乎表明一个人财富的多少跟上述因素没有那么大的关系,至少它们不是决定性因素,这让很多人百思不得其解。

不过话又说回来,对个人的财富积累来说,学历的高低尽管不是决定性因素,但我们不得不承认,高学历群体的平均收入是高于低学历群体的平均收入的。同样地,专业能力、人际关系处理能力,甚至家庭背景等,虽然都不是决定性因素,但是都能提高积累更多财富的可能性。说白了,财富世界是概率的世界,我们学习各种知识和技能、积累人脉等,都在不断提高积累更多财富的可能性。

只是,很多人并没有想到的是,每一个因素对财富积累的贡献权重是不同的。可以说,不同知识之间、不同能力之间的权重不同,甚至不同人脉之间的权重也不同。不仅如此,人生不同阶段的同种因素的权重也不尽相同。

更令很多人没有想到的是,尽管知识、能力、人脉等都很重要,但由于我们每一个人的时间、精力,以及年轻时候的财力有限,当我们把这些有限的资源投到对财富积累的权重并不大的知识、能力、人脉积累的时候,反而对财富的积累起不到积极的作用,甚至你看似很"努力",实则在不断降低财富积累概率的道路上越走越远,却浑然不知。

既然财富世界是概率的世界,那么有没有一种知识、技能或思维,能够大大提升我们积累更多财富的概率呢?说得更直接一点,对一个人积累财富来说,什么是最不可或缺的因素呢?

我曾经在一本书上看到这样一个故事。有一对双胞胎兄弟,出生在一个贫寒的家庭,且在很小的时候失去了父母,兄弟俩在孤儿院生活和学习,可以说成长的道路上充满了坎坷和艰辛。二人原本命运相同,然而随着时间的推移,他们的人生道路逐渐有了不同。若干年后,哥哥通过自己的不懈努力最终成为一名知名的企业家,而弟弟一直过着得过且过、自暴自弃的生活。接受媒体采访时,哥哥说:"命运给了我磨难,是让我通过自己的努力战胜命运、改变命运,书写了自己绝地反击的故事。"而弟弟却说:"命运给了我磨难,我早已被生活所抛弃,我的人生也失去了乐趣。"

兄弟俩原本命运相同,为什么若干年后会形成如此巨大的反差呢?有没有发现,同样的理由,哥哥可以解释他为什么能够成功,而弟弟可以解释他为什么走向堕落。

显然，原本相同的事情（A），由于不同的人对事情本身的认知（B）不同，带来不同的行动（C），最终导致不同的结果（D）（见图1-4）。

图1-4 事情、认知、行动、结果模式

就像故事中的弟弟一样，通常很多人认为结果的好坏是由事情的好坏决定的，却忽视了二者之间还有不同人对事情的认知以及相对应的行动。不仅如此，更为现实的情况是，一个人对事情的认知以及相对应的行动，比起事情本身更能决定一个人得到怎样的结果，就像故事中的哥哥一样，他对命运的认知以及不断努力的行动，比起他的出身对他人生未来的走向起到更为重要的作用。

话说回来，在金钱的世界中，所谓的认知与行动就是财商。在我看来，狭义的财商就是指对金钱流通规律的理论层面的认知，就像罗伯特·清崎在《富爸爸提高你的财商》这本书里提到的那样，财商包括五个基本内容，分别是赚更多的钱、守住你的钱、预算你的钱、撬起金钱的杠杆，以及改善你的财务信息。

而广义的财商，不仅包括对金钱流通规律的理论层面的认知，还包括按照金钱流通规律而坚决执行的行动，毕竟也有不少人阅读过很多财商书籍，了解过一些关于金钱流通规律的理论知识，但并没有随之带来任何行动与改变，这不就是所谓的"读过那么多书，听过那么多道理，却依然过不好这一生"的活生生的例子吗？这不就是所谓的"知行不合一"吗？因此，也有像哈维·艾克所著的《有钱人和你想的不一样》这样的财商书，不仅介绍关于金钱流通规律的理论知识，还介绍积极行动层面的理论知识，不断鼓励读者克服内心的各种恐惧，将理论付诸行动，而不是止步于学习金钱流通规律的理论知识。

说到这里，或许一些人还会有疑问——想赚钱、积累更多的财富，为什么一定要学习财商知识呢？难道学习其他领域的知识或技能不足以积累财富吗？答案是：具备了基本的财商知识，能够让其他领域的知识或技能发挥出更大的价值；反过来，若不具备基本的财商知识，不仅难以让其他领域的知识或技能在创造财富的过程中发挥更大的价值，也无法高效使用已有的财富。

想想我们参加工作以后，不断学习各种知识和技能，参加各种专业资格考试，到底是为了什么呢？对绝大多数的人来说，是不是为了提高自己的核心竞争力，从而获得更高的收入呢？

我们学习各种知识和技能，参加各种专业资格考试，是因为它们每一个多多少少与金钱存在一定的关系，只是有些学科、技能、专业资格考试与金钱的关系更为直接或对金钱的指向性更明显一些。当然，对不同的人来说，甚至对同一个人的不同阶段来说，其关系也不尽相同。

既然都是在学习，那么为什么不先去学习与金钱的"物理距离"最近的财商领域的知识呢？

我们以学习某一领域的专业知识以及演讲技能为例来说明。很多人学习所在领域的专业知识，是为了提高专业技能，以便更好地解决本职工作中出现的诸多问题；学习演讲技能是为了更好地表达自己的所思所想。总而言之，做这些就是为了不断提升职场中的核心竞争力，从而获得更高的收入。

也有一些人学习专业知识以及演讲技能，不仅仅是为了提高职场中的核心竞争力，获得更高的收入，更是为了展现自己的专业能力，把自己的专业知识销售给更多的人，获得比工资收入更高的收入。

也就是说，即便两个人具备同等水准的专业知识和演讲技能，当其中一个人具备更多的财商知识的时候，他就能够更高效地发挥自己的价值，从而获得更高的收入。不仅如此，由于很清楚怎样才能获得更高的收入，他们更能够做到在有限的时间内有针对性地学习各种知识和技能，从而在不断学习、成长、积累财富的过程中，更好地实现自己的人生价值，享受更多的人生快乐，从而实现高效人生的良性循环。

反过来，若不具备基本的财商知识，我们不清楚那些有钱人有钱的原因，也不清楚明明自己很努力，却始终赚不到大钱的原因，就容易陷入一种迷茫的状态：设定新目标—开始行动—没有起色—放弃—重新设定目标……很多人在这种不甘心却始终无法摆脱困境的情况下，只能得到一个周而复始的低效人生。

很显然，财商知识能够让我们看得更清晰、活得更明白。既然如此，我们是不是应该先学习基本的财商知识，再去有针对性地学习其他领域的知识和能力呢？

下面，我们通过一些典型的案例，进一步了解一下5种基本财商对一个人乃至一个家庭的重大影响。

案例类型一：曾经辉煌一时，后期穷困潦倒

迈克·泰森是体育界的传奇人物，20岁那年他获得最年轻的重量级世界拳王称号，被认为是世界上最好的重量级拳击手之一，在他辉煌的职业生涯中，他赚取了超过5亿美元的收入。然而在2022年，56岁的泰森再次露面时，他正遭受着伤病的折磨，已无法独立行走，坐在轮椅上的他在接受采访时表示，赚到的钱绝大部分已挥霍一空，只剩下100万美元进行康复治疗。尽管过去肆意挥霍的人生令他后悔不已，但如今已经没有了挽回的余地。

其实，泰森的例子仅仅是众多体育明星类似案例中的一个。《体育画报》在2015年的统计显示，美国职业橄榄球大联盟（NFL）退役球星中有78%的人在2年内破产，美国职业篮球联赛（NBA）退役球星中也有60%的人在5年内破产。

面对这样的例子，人们常常会有这样一个疑问——这些年入百万、千万的明星们，为什么会在退役后的短短几年之内变得如此窘迫呢？

案例类型二：幸运过后，一地鸡毛

在10多年前，我的一位朋友非常幸运地继承了一个远房亲戚上千万的资产。有了钱之后，他购置了两辆近百万的豪车、在农村买了几套房子、去国外旅游、做各种投资、借钱给别人……一个千万富翁，用了不到10年的时间变成了"负翁"，不仅要不回借出去的钱，还开始到处借钱，现状令人唏嘘。

与之类似的还有中彩票的案例。美国国家经济研究局的一项调查显示，近20年来，欧美的大多数彩票头奖得主在中奖后不到5年内，皆因挥霍无度变得穷困潦倒。该项调查同时显示，美国彩票中奖者的破产率每年高达75%，每年12名中奖者当中就有9名破产。

听到这样的新闻，人们普遍感到难以理解，同时会在大脑里产生很自信的假设——假如我中了大奖，肯定跟这些人不一样。

案例类型三：高学历者上当受骗

2020年，网络媒体报道了家住甘肃省定西市临洮县的准研究生王青青（化名），接到一个诈骗电话后，被骗走37万元的事。在王青青被骗走的37万元中，有她打工赚到的5万多元，有被诈骗分子诱导借的贷款2万多元，剩余的钱都是从叔叔家借来的。她家是农村低收入家庭，这次电话诈骗使她那刚刚脱贫的家，又重新陷入了绝境。

其实,像这种诈骗以及各种金融暴雷的案例,我们经常能够在报纸、电视、广播、网络等各种媒体上看到、听到,而且在被骗者中也不乏像王青青这样的高学历人群。

案例类型四:一次重病或意外,毁了一个家庭

2022年,网络媒体报道了来自福建的女孩小慧(化名)由于感染EB病毒(一种疱疹病毒)住院,在9个多月的时间里花费了200万元,其中向亲戚朋友借了70多万元,贷款了80多万元,可以说完全掏空了整个家庭。尽管如此,小慧的病情却一直在反复,令人心痛。

小慧这样的案例并不是个例。国家癌症中心的统计数据显示,近年来我国15岁以下儿童恶性肿瘤发病数每年高达约25000例,且发病率以每5年5%的速度上升;而位列小儿恶性肿瘤之首的白血病,每年新发15000例左右。

在医学高度发达的今天,儿童和成年人的绝大多数重大疾病,只要及时医治就完全有可能治愈。然而,高额的治疗费用往往令很多家庭难以承受,因经济原因耽误看病的悲剧时有发生。

案例类型五:普通上班族实现财务自由,提前退休

曾琬玲是投资理财书《不上班也有钱》的作者,她在书里介绍,她和丈夫原来是工薪族,一边上班赚钱,一边储蓄(最多时能攒下工资收入的90%)和投资。就这样到了2012年,当投资账户达到650万人民币的时候,夫妇二人选择了提前退休。那一年,她33岁,她的老公38岁,大约用了10年的时间,他们实现了财务自由,从此可以不用再为钱而拼命工作了。

现在的曾琬玲一边环游世界,一边做着自己喜欢的事情轻松赚钱,过上了很多人都羡慕的自由自在的生活。

通过以上5个典型的案例,你会发现:曾经通过某一项能力赚过很多钱的人,并不一定就可以一直赚很多钱,尤其是对只有10多年运动寿命的体育明星们来说更是如此;当像中彩票一样的幸运之事从天上"掉"下来的时候,很多人不仅无法"接住",还有可能"砸坏"原有的"财富池子";高学历意味着一个人有较强的学习能力、自我管理能力等,但并不意味着其具备较好的财务管理能力;很多人缺乏风险转嫁意识,在自己和家人的重大疾病、重大意外面前,只能听天由命,导致的结果是给一个家庭带来了双重打击;我们普通人即使没有很高的学历、很强的能力、优越的资源,只要按照科学合理的财务计划执行下去,都能够实现财务自由,从而提前过上不为财富所累的生活。

其实,我们每个人都有一个"财富池子",要让我们的"财富池子"在保证不"坏"的前提下越来越大,而且令其增大的速度越来越快,需要做好这5个方面的事情,缺一不可(见图1-5)。

图1-5 5种基本财商与财富池子的关系

而这5个方面的事情,即对应5种基本财商:赚更多的钱、守住你的钱(防止被骗和不必要的借出、防止因重大疾病或意外而损失)、预算你的钱(有计划地储蓄和支出)、撬起金钱的杠杆(高效利用金钱,做到钱生钱),以及更新你的财务信息(不断学习理财知识,专注于有效的财务信息)。

结合这5种基本财商，我们重新看一下以上每一个案例中所涉及的基本财商。

在第一个"曾经辉煌一时，后期穷困潦倒"的案例中，明星们显然没有做好预算，控制好支出；也没有利用好在职业巅峰期赚到的钱，做到钱生钱。而且不应该忽视的是很多明星在退役或从巅峰期开始走下坡路的时候，收入也骤降，因此也应该提前计划好未来如何持续赚钱。

在第二个"幸运过后，一地鸡毛"的案例中，尽管一些人通过各种途径幸运地获得了一大笔钱，但由于不知道如何有计划地支出、区分哪些是毫无必要的消费、如何保护好自己的钱、如何让自己的钱生出更多的钱，导致自己重新回到原来的状态，甚至是还不如原来的状态。

在第三个"高学历者上当受骗"的案例中，主人公显然没有保护好自己的钱，这与其缺乏财务的基本知识和信息有关。

在第四个"一次重病或意外，毁了一个家庭"的案例中，一个家庭若出现重大疾病、重大人身意外或财产意外，都会给家庭收入和财产带来极大的损失。然而，现实的问题是，很多人意识不到这样潜在的、时时刻刻存在的风险，即便知道有这样的潜在风险，也不知道该如何有效地预防。

在第五个"普通上班族实现财务自由，提前退休"的案例中，夫妇二人尽管一开始没有很高的收入，但是通过计划自己的钱，有效地控制了自己的支出，还防范了各种无法控制的因素（重大疾病或意外）导致的财产损失，利用自己的财务知识与信息不断地钱生钱。尽管已经不需要为了生存而工作，但他们仍然通过做自己喜欢且擅长的事情（比如出书等方式）赚取了更多的钱。

通过对上述5种典型案例的分析，我们明白了人们对金钱的不同认知及随之采取的行动决定了最终财富值的不同。一个人即便一开始一无所有，但只要他学会了财商知识并长期践行下去，早晚会成为有钱人；即便是通过继承遗产或中彩票等方式获得了一大笔财富，倘若缺乏财商知识，那么其"财富池子"早晚会归零。

很显然，"财伤"的根源，在于财商。

第二章

实现财务自由,比你想象的更容易

· 第一节 ·

实现财务自由，你要清楚这5个概念

5种基本财商意味着财富的积累不仅与赚钱能力有关，还与守钱能力、预算能力、钱生钱能力，以及财务信息更新能力等有关。当我学习了财商知识，再去回顾自己最为迷茫的那段岁月，才意识到曾经的我对金钱的认识只有赚钱一件事，几乎从未考虑过守住钱、预算钱、钱生钱，也从未关注过财务信息等与赚钱同样重要的事情。

然而，更为糟糕的是，即便是在如何赚钱方面，我也不清楚为什么那些有钱人能够相对轻松地赚到很多钱，而我再怎么努力也看不到赚很多钱的希望，导致的结果是我长期处于一种混沌的状态。也就是说，在5种基本财商中我有4项是无意识的状态，剩下的所谓有意识的1项还是不及格的状态。

我想，如果按照过去的思维、认知、习惯一直走下去，我的人生不会有根本的改变。而且随着年龄的增长，我可能也会去关注那些能够安慰自己的案例、道理、名言等，让自己的内心好受一些。然而，这样的人生状态带来的结果就是，一辈子都不会明白为什么明明我拥有胜过绝大多数人的教育背景，也有很多人羡慕的"铁饭碗"工作，自己也很努力，却离自己的财富梦和想要的生活越来越远。

好在即便在最迷茫的时候，我也未曾放弃过自己，在不断寻求扭转人生机会的过程中，我遇到了一些有助于自己改变的贵人、事件、书籍等。当我从2016年年底开始阅读财商、投资、个人成长类书籍后，我逐渐明白了长期以来我无法赚到工资以外的其他收入，以及我的家庭无法积累更多财富的原因。我还了解到了财务自由和财富自由的概念。

在当今移动互联网时代，不仅仅是在书籍中，在自媒体、网络论坛等很多平台上都能够看到有关财务自由和财富自由方面的文章和讨论。很显然，随着财务自由和财富自由的概念逐渐深入人心，想实现财务自由或财富自由的人越来越多。

那什么叫财务自由，什么叫财富自由呢？一字之差的两个概念之间到底有什么区别和联系呢？

按照百度百科的解释，财务自由是指一个人无须为生活开销而努力为钱工作的状态。说白了，就是你不再需要为了生存出卖自己的时间，去做那些你不愿意做却不得不做的事情，工作与否可根据自己的兴趣和意愿。很显然，财务自由最大的意义，不是你可以去做喜欢的事情，而是你可以选择不去做不喜欢的事情。

而财富自由，是指一个人在基本的生活需求得到持续保障的前提下，有足够的资本可以自由地投入自己喜欢做的事情中。财富自由比起财务自由，是更高层次的自由和选择，可以简单理解为从衣食住行到教育、医疗等方面，不再受到金钱的限制，而是可以随心所欲选择自己喜欢的。

不可否认，对极少数的人来说，是有能力和机遇跨过财务自由的阶段，直接进入财富自由状态的，甚至也有一些幸运儿一出生就"落"在了财富自由的家庭。然而，对绝大多数的普通人来说，实现财务自由是通往财富自由的基础。

仔细想想，当我们被金钱束缚的时候，我们是不是无法真正掌控自己的人生？当我们实现了财务自由，摆脱金钱束缚的时候，是不是有更多的时间和底气开始做自己喜欢且擅长的事情，从而能够发挥自己的最大价值，并在此过程中获得更多人生乐趣、积累更多的财富呢？

所以，为了掌控自己的人生，享受自己的人生乐趣，实现自己更大的人生价值，我们普通人也可以先定个"小目标"——尽快实现财务自由。

毋庸置疑，要实现某种目标，对它的概念掌握得越准确，其践行的路径就越清晰，在不断变化的过程中表现出来的行动力就越强，最终达成目标的概率也越大；反过来，若对它的概念不清晰，则在追求目标的道路上会走很多弯路，在长期收效甚微的情况下，甚至会半途而废。

若认真剖析财务自由，会发现对绝大多数的普通人来说，要实现它，离不开5个极为重要的概念，分别是现金流、收入、支出、资产以及负债。

1. 现金流

从财商的角度来看，现金流就是一个家庭或一个人的现金的流动，其状态主要包括现金的流进、流出以及转换。现金的流入，可以简单理解为钱从别人的口袋流到我们的口袋里，这个时候的现金流称为正现金流；反过来，现金的流出，可以简单理解为钱从我们的口袋流到别人的口袋里，这个时候的现金流称为负现金流。现金的转换，可以简单理解为在自己的口袋内部，将现金转换成其他形式，例如用钱购买了股票、基金、黄金等（见图2-1）。

图2-1　现金流的流入、流出、转换

2. 收入、支出

很显然,在产生正现金流的过程中,我们的口袋会鼓起来,这就是我们的收入;反过来,在产生负现金流的过程中,我们的口袋瘪下去的同时,别人的口袋会鼓起来,这就是我们的支出,也是别人的收入来源。

你会发现,在商业活动中,我们在直接或间接地赚别人的钱,更为确切地说,是通过付出我们的时间、劳动创造出某种产品或服务之后,按照一定的商业模式换取别人的钱。

收入分为主动收入和被动收入。主动收入就是用时间、劳动来换取金钱,它最大的特点就是必须亲自花费时间和劳动去获得。例如工资收入,做一个月工作就有一个月的收入,没有工作就没有收入;再比如,像保洁工这样临时性的工作,做一次劳动就有一次的收入,又或者做一个小时的劳动就有一个小时的收入。总之,只要是在一段时间内需要亲自付出时间和劳动才能获得的收入都属于主动收入。

与主动收入相对应的就是被动收入,它是指在前期投入之后,在后期无须花费更多的时间和劳动也可以自动获得收入。房租收入、作家的版税收入等都属于被动收入,在前期投入(买入或创造)之后,在后期无须为此花费更多的时间和劳动,也能够持续稳定地获得收入。

同理,支出也分为主动支出与被动支出。主动支出与被动支出的最大区别,主要表现在支出的时间期限与资金量方面是否存在一定的强制性。主动支出在支出的时间期限与资金量方面没有强制性。例如,选择外卖时,我们想吃什么、吃多少价位的、什么时候吃等,这些几乎不存在强制性;同样地,选择买什么样的服饰、书籍,以及在哪里看什么电影等,这些也几乎不存在时间期限和资金量方面的强制性，可根据当时的情况进行选择。

与主动支出相反，被动支出在支出的时间期限与资金量方面存在一定的强制性，较为典型的就是按揭贷款买房、贷款买车等，在每个月的某个日期强制性地从你的银行卡里扣除一定金额。

3. 资产、负债

赚取被动收入的过程中，人能够脱开身的根本原因在于，赚钱的主体不是人本身，而是资产。也就是说，获得主动收入依靠的是人们付出的时间和劳动，而赚取被动收入依靠的是资产。

同样地，在支出的过程中虽然支出的决定权在人手上，但是主动支出和被动支出的对象有所不同。主动支出普遍具有一次性支付且后续几乎没有持续支出的特点，而被动支出普遍具有买入之后有持续支出甚至带有利息支出的特点，而后者那个让你持续支出的对象就是负债。

也就是说，当我们的口袋里有资产的时候，会产生正现金流，不断增加我们的财富；反过来，当我们的口袋里有负债的时候，会产生负现金流，不断侵蚀我们的财富（见图2-2）。

图2-2 资产与负债

那么，比较典型的资产有哪些呢？有租金收入的房产、有分红的股票或基金、有利息收入的银行理财产品或定期存款、带来版税收入的图书或音乐创作、带来收入的广告或网络课程等，这些都属于典型的资产。

汽车属于资产还是负债呢？很多人认为汽车是一种资产，因为买汽车是将现金转换成了可变现的汽车。然而，很多人并没有意识到的是，尽管汽车可以变现，但是与其他不断带来正现金流的资产不同的是，绝大多数情况下，我们需要为汽车支付保险费、汽油费、修理费、保养费、罚金等费用而产生负现金流。除非我们把买来的汽车租出去，带来正现金流并大过上述各种费用。由此可见，买汽车作为代步工具使用时，从财商的角度来说，应选择产生负现金流较少的汽车。

那么，像黄金、古董、字画之类不产生现金流的高价值物品属于资产还是负债呢？这要取决于买入价格和卖出价格的关系，同样的东西若买入的价格小于卖出的价格，则属于资产；反过来，当买入的价格大于卖出的价格时，则属于负债。同样地，尽管很多股票、基金会产生正现金流，但是当我们以过高的价格（相对于它的实际价值）买入时，它负债的一面就会显现出来，这也是投资股票、基金时要"低买高卖"的原因。

通过上述资产与负债的分析，我们就会得到以下非常重要的结论：资产与负债的概念，很多时候是为了更好地指导你买入，我们要有意识地判断买入的东西属于不断带来正现金流的资产，还是不断产生负现金流的负债；它是不是看似属于资产，实则属于不断贬值的负债；在未来能否以更高的价格卖出去等。

除此之外，你还会发现资产中有些是需要用钱购买的，而有些是可以通过自己的专业特长创造出来的，这些资产可以产生源源不断的正现金流。

那么，到底什么是我们最大的资产呢？答案是能够清晰判断资产和负债，以及不断创造资产的源头——我们的大脑。我们通过学习知识，可以创造书籍、广告、课程等资产；也可以通过学习理财知识、关注财务信息买入合适的资产,从而带来更多的被动收入。这一切的源头,在于大脑。

然而,很多人并未意识到不断成长、不断学习投资理财知识的大脑是资产;相反,对从来不学习、不断买入负债的人来说,大脑就是负债。显然,从这个角度来说,我们应该好好投资决定我们财富的大脑,也要好好保护我们的大脑。

◇

把正负现金流与现金的转换、主动收入与被动收入、主动支出与被动支出、资产与负债等概念,在个人或家庭财务要素关系图中表示,如图2-3所示。

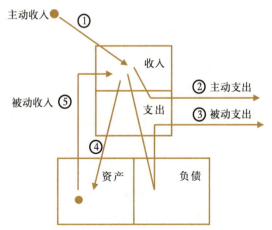

图2-3 个人或家庭财务要素关系图

对绝大多数普通人来说,参加工作之日起,通过付出自己的时间、能力,从单位获得的工作收入,属于主动收入(现金流①),从外界获得收入产生正现金流之后,进入收入栏里;有了收入之后,人们会为了衣食住行、教育、医疗等方面产生主动支出(现金流②),也可以贷款买汽车、房产等,产生被动支出(现金流③);此外,也有一些人会把更多的关注点放在金钱的转换（现金流④）上，买入股票、基金、银行理财产品等投资标的（买入的是资产还是负债取决于买入价格、分红或产生利息的情况）；当买入的是资产时，会带来被动收入（现金流⑤）。

那么，深入了解现金流、收入、支出、资产、负债这些概念以及财务要素关系图，对我们实现财务自由有什么指导意义呢？

按照财务自由的概念，当一个人的被动收入大于日常支出的时候，就实现了财务自由，对应财务要素关系图就是：现金流⑤≥现金流②＋现金流③。

当人们的大脑里没有被动收入这个概念的时候，绝大多数人只会想到通过工资、奖金等方式赚取主动收入，其结果是始终通过出卖人这个主体的时间和劳动来赚取收入，而没有想到其实还可以通过创造资产（例如出书）、购买资产（例如长期上涨的股票）等方式赚取被动收入。也就是说，原本可以通过创造资产、购买资产，以及其他被动收入赚取很多钱，却由于没有被动收入的概念，只能通过出卖自己的时间和劳动来赚取收入，显然前者赚钱的速度比后者赚钱的速度快，而且随着资产数量的增加，这种速度上的差异只会越来越大。

有了主动收入之后，大多数情况下会发生三种现金流情况，即图2-3中的主动支出（现金流②）、被动支出（现金流③），以及购买各种资产（现金流④）。显然，当人们的大脑里没有资产、主动支出、被动支出这些概念的时候，人们更容易把钱通过主动支出与被动支出的方式花出去，使得本可以成为资产的现金越来越少，从而离实现财务自由的目标越来越远；反过来，当人们的大脑里有了这些概念之后，在支出的时候就会有更多的思考，例如，这些东西是我们想要的，还是必须要有的？买了它，会让我们离实现财务自由的目标越来越近，还是越来越远？

总而言之，有了这些概念之后，我们就有了较为清晰的财务自由践行思路：在工作过程中，我们不仅要赚取主动收入，还要想办法通过创造资产赚取被动收入；通过各种方式赚到钱，尽量减少不必要的支出，留出更多的钱购买能够产生更多被动收入的资产。长此以往，当我们的被动收入大于日常支出的时候，就实现了财务自由。

这里需要掌握一个"财务自由度"的概念，它反映的是一个人或家庭财务自由的程度，用公式表示：财务自由度＝被动收入×100％/（主动支出＋被动支出）。

不难理解，财务自由的践行就是财务自由度值从0逐渐增长到100％的过程。此外，通过财务自由度的公式，我们也可以直观地看出，要实现财务自由，就要在想尽办法积累更多资产的同时，减少不必要的支出。

最后想说的是，一个人的被动收入在所有收入（主动收入＋被动收入）中的比例逐渐增加的过程，不仅是其离财务自由目标越来越近的过程，还是其逐渐进入富人阶层的过程。

·第二节·

实现财务自由，还要掌握这个工具

如果你阅读过关于时间管理、专注力等方面的书，就会发现几乎所有这类的书都建议你要完成一项目标，尤其是那些重要的、复杂的、长周期的目标，要按照SMART原则（具体的、可以量化的、可以达到的、具有相关性的、具有时效性的）制定实施计划表，把大目标分解成若干个简单的、短周期的小目标，从而大大提高达成目标的可能性。

财务自由，对很多普通人来说也是一项目标，然而与我们平时在生活、工作、学习中经常制定的各种目标不同的是，追求财务自由的过程更为复杂、漫长，涉及生活的方方面面，包括赚钱、守钱、钱生钱等一系列的努力。

很显然，为了更好地践行财务自由之路，做到心中有数，我们就需要一个工具把这些抽象且跨越几年乃至十几年、二十几年的目标转化为一个可以量化且跟踪的具体目标，而这个工具非个人（家庭）的财务报表莫属。

其实，财务报表来源于对企业的分析，是反映企业在一定时期内资金、利润状况的会计报表。而个人（家庭）的财务报表是在企业财务报表的基础上，随着财商教育的普及逐渐演变而来的报表，主要反映个人（家庭）的财务状况和财富增减的情况。

个人（家庭）的财务报表与企业的财务报表在规范性、目的性、复杂性等很多方面存在着差异，其中最大的差异就是企业的财务报表需要严格按照国家规定的会计准则和财务制度进行编制，而个人（家庭）的财务报表没有统一的格式、标准，可根据个人（家庭）的情况、目的对财务报表的内容、格式进行个性化调整。

话说回来，面对这个"遥远"到有些"模糊"的目标——实现财务自由，我们更应该先看清自己的起点，并在长期践行的过程中定期进行记录，感知财富的变化，在看得见的财富增长的动力下坚持下去。

与企业的财务报表包含三张表格（分别是资产负债表、利润表或损益表、现金流量表）不同的是，个人（家庭）的财务报表通常由资产负债表和收入支出表两张表格构成。

资产负债表,就像给个人(家庭)拍了一张照,反映某一时间点的资产和负债的基本情况,如表2-1所示。

表2-1 个人(家庭)资产负债表

资产		金额/元	负债		金额/元
现金及现金等价物	现金		短期负债	信用卡	
	活期存款			消费贷款	
	货币基金			……	
	定期存款		小计		
	……		长期负债	房产贷款	
小计				汽车贷款	
债权资产	银行理财			个人信用贷款	
	债券			……	
	债券基金		小计		
	……		负债总计		
小计			净资产(总资产-总负债)		
股权资产	股票				
	股票型基金				
	……				
小计					
实物资产	自住房				
	投资房				
	汽车				
	车位				
	黄金				
	……				
小计					
其他资产	住房公积金				
	社会保障				
	……				
资产总计					

个人(家庭)资产负债表的左边是资产部分,分别为现金及现金

等价物、债权资产、股权资产、实物资产，以及其他资产，代表着家里"值钱"的东西都以什么形式存在；表的右上部分是负债部分，代表着在总资产当中有多少是属于"别人"的，负债的剩余偿还期以一年为界，分为短期负债和长期负债；表的右下部分是净资产部分，即全部资产减去全部负债后的净值，代表着个人（家庭）在统计的时间点实际有多少财富。

看到这里，你可能会产生一个疑问，即在本章第一节中我提到过，汽车在绝大多数情况下是一种负债，那为什么还要把汽车放在资产负债表里的"实物资产"栏里，而不是负债栏里呢？

这是因为资产负债表里的资产与负债，是按照能否变现的标准划分的，就像有些股票长期不分红，股价也长期不上涨，但因为其被卖出后能够变成现金，所以要把它们放在财务报表的资产栏里。而财商角度的资产与负债，是根据是否产生现金流或者未来是否增值的标准划分的。也就是说，从是否能够变现的角度看，汽车属于资产，但从是否增值或产生现金流的角度看，绝大部分的汽车是负债，除非像出租车司机、货车司机一样能够通过汽车产生正现金流。

其实，在很多未接受过财商教育的人的认知里，资产的概念就与资产负债表里的资产概念差不多，即不管什么时候，也不管什么价钱，只要能卖出去收到钱的就是资产，比如昂贵的包、手机、豪车等。然而，真正的资产是什么呢？是能让你的钱包不断"鼓"起来的，而不是让你口袋里的财富不断"缩水"的、看似是资产的负债。

与资产负债表不同，收入支出表就像给个人（家庭）录制了一段视频，反映的是一段时期内个人（家庭）的收入和支出情况，如表2-2所示。

表 2-2 个人（家庭）收入支出表

收入		金额/元
1. 主动收入	本人工资收入	
	配偶工资收入	
	本人奖金收入	
	配偶奖金收入	
	本人副业收入	
	配偶副业收入	
	本人社会保障收入	
	配偶社会保障收入	
	本人公积金收入	
	配偶公积金收入	
	……	
主动收入小计		
2. 被动收入	银行利息收入	
	银行理财收入	
	货币基金收入	
	债权资产收入	
	股权资产收入	
	房产租金收入	
	实物资本利得收入	
	……	
被动收入小计		
3. 其他收入	红包收入	
	礼金收入	
	……	
其他收入小计		
收入总计		

续表

支出		金额/元
1.衣着类	衣服费用	
	鞋子费用	
	……	
衣着类费用小计		
2.食物类	买菜费用	
	外卖费用	
	外出就餐费用	
	……	
食物类费用小计		
3.住房类	房屋贷款费用（本金）	
	物业费用	
	电梯费用	
	……	
住房类费用小计		
4.交通类	车位管理费用	
	汽车燃油费用	
	汽车保险费用	
	汽车维修费用	
	过路和停车费用	
	违章罚款费用	
	汽车贷款费用（本金）	
	……	
交通类费用小计		

续表

支出		金额/元
5.医疗保健类	医药费用	
	保健费用	
	……	
医疗保健类费用小计		
6.教育类	书籍费用	
	培训费用	
	……	
教育类费用小计		
7.保险类	商业医疗保险费用	
	重大疾病险费用	
	意外伤害保险费用	
	……	
保险类费用小计		
8.其他日常生活支出	通信费用	
	个人护理费用	
	休闲娱乐费用	
	人情往来费用	
	利息支出	
	……	
其他日常生活支出费用小计		
费用总计		
净收入（收入总计－费用总计）		

收入分为主动收入、被动收入以及其他收入。支出分为衣着类、食物类、住房类、交通类、医疗保健类、教育类、保险类，以及其他

日常生活支出等。需要强调的是，车辆保险费用本质上也属于保险类，但与商业保险、重大疾病保险、意外伤害保险等不同，车辆保险一方面有强制性，另一方面随着车辆品牌、车辆价格、车龄等的不同，车辆保险费用也不同，所以把车辆保险费用划分到交通类。

下面，通过一个案例来说明如何使用资产负债表与收入支出表。

王先生，30岁，某机构的培训师，每个月的税后工资收入、住房公积金收入、社会保障收入比较固定，奖金收入与副业收入不固定；王太太，28岁，小学教师，税后工资收入、住房公积金收入、社会保障收入同样比较固定，没有副业收入。两人有一个2岁的儿子。

一家三口住在市场价（2023年1月31日）为1285115元的房子里，这套房子通过公积金贷款购买，贷款余额为340946元，按等额本金还款方式需要还到2045年5月，2023年2月的还款额为2152元，其中本金为1272元，利息为880元。另有一套市场价（同样是2023年1月31日）为626563元的投资房，无贷款，目前用于出租，每个月的出租收入为1800元。

在2023年1月31日晚上，对王先生家庭的资产与负债进行统计：现金及现金等价物方面，现金800元，活期存款3540元，余额宝、零钱通等货币基金34682元，三年期定期存款50000元；债权资产方面，银行理财100000元，债券基金152684元；股权资产方面，股票账面价值460523元，股票型基金582056元；实物资产方面，二手车市场价为167500元的代步车一辆，市场价为103100元的车位一个，市场价为24500元的黄金；其他资产方面，住房公积金余额26006元，社会保障卡余额15462。

负债方面，除了房产贷款之外，还有信用卡欠款7523元，汽车无息贷款66000元（每个月还款3000元）。

王先生家庭2023年1月的资产负债表如表2-3所示。

表2-3　王先生家庭2023年1月资产负债表

资产		金额/元	负债		金额/元
现金及现金等价物	现金	800	短期负债	信用卡	7523
	活期存款	3540		消费贷款	0
	货币基金	34682		……	
	定期存款	50000		小计	7523
	……		长期负债	房产贷款	340946
	小计	89022		汽车贷款	66000
债权资产	银行理财	100000		个人信用贷款	0
	债券	0		……	
	债券基金	152684		小计	406946
	……		负债总计		414469
	小计	252684			
股权资产	股票	460523			
	股票型基金	582056			
	……				
	小计	1042579			
实物资产	自住房	1285115	净资产（总资产－总负债）		3218062
	投资房	626563			
	汽车	167500			
	车位	103100			
	黄金	24500			
	……				
	小计	2206778			
其他资产	住房公积金	26006			
	社会保障	15462			
	……				
	小计	41468			
资产总计		3632531			

王先生家庭在2023年2月的收入情况如下：主动收入方面，王

先生的税后工资收入5153元，奖金收入4500元，副业收入3200元，公积金收入963元，社会保障收入321元；王太太的税后工资收入3575元，奖金收入为720元，公积金收入为924元，社会保障收入为308元；被动收入方面，货币基金收入52元，债权资产收入636元，股票账面增值6908元，股票型基金账面增值6254元，房产租金收入1800元，实物资本利得（市场价变化）7600元（其中，自住房的市场价格增加了5422元，投资房的市场价格增加了3568元，汽车的二手市场价格降低了1600元，黄金价格增加了210元）；其他收入方面，红包收入68元。

王先生家庭在2023年2月的支出情况如下：衣着类费用656元；食物类费用3210元；住房类费用1272元；交通类费用4355元；医疗保健类费用352元；教育类费用820元；保险类费用1020元；通信费用260元；个人护理费用362元；休闲娱乐费用300元；人情往来费用1200元（其中，随礼1000元、发红包200元）；利息费用880元（房贷的利息）。

王先生家庭2023年2月的收入支出表如表2-4所示。

表2-4 王先生家庭2023年2月收入支出表

收入		金额/元
主动收入	王先生工资收入	5153
	王太太工资收入	3575
	王先生奖金收入	4500
	王太太奖金收入	720
	王先生副业收入	3200
	王太太副业收入	0
	王先生社会保障收入	321
	王太太社会保障收入	308
	王先生公积金收入	963
	王太太公积金收入	924
	……	
	主动收入小计	19664

续表

	收入	金额/元
被动收入	银行利息收入	0
	银行理财收入	0
	货币基金收入	52
	债权资产收入	636
	股票资产收入	13162（6908＋6254）
	房产租金收入	1800
	实物资本利得收入	7600
	……	
	被动收入小计	23250
其他收入	红包收入	68
	礼金收入	0
	……	
	其他收入小计	68
	收入总计	42982
	支出	金额/元
衣着类	衣服费用	459
	鞋子费用	104
	手套、帽子	93
	衣着类费用小计	656
食物类	买菜费用	1778
	外卖费用	564
	外出就餐费用	868
	……	
	食物类费用小计	3210
住房类	房屋贷款费用（本金）	1272
	物业费用	0
	电梯费用	0
	……	
	住房类费用小计	1272

续表

支出		金额/元
交通类	车位管理费用	0
	汽车燃油费用	1200
	汽车保险费用	0
	汽车维修费用	55
	过路和停车费用	100
	违章罚款费用	0
	汽车贷款费用（本金）	3000
	……	
	交通类费用小计	4355
医疗保健类	医药费用	142
	保健费用	210
	……	
	医疗保健类费用小计	352
教育类	书籍费用	120
	培训费用	700
	……	
	教育类费用小计	820
保险类	商业医疗保险费用	620
	重大疾病险费用	0
	意外伤害保险费用	400
	……	
	保险类费用小计	1020
其他日常生活支出	通信费用	260
	个人护理费用	362
	休闲娱乐费用	300
	人情往来费用	1200
	利息支出	880
	……	

续表

其他日常支出费用小计	3002
费用总计	14687
净收入（收入总计－费用总计）	28295

需要说明的是，房贷的费用会通过住房公积金支出，其中包括了本金与利息部分，分别记录在住房类的房屋贷款费用（本金）和其他日常生活支出的利息支出里；平时王先生和王太太的医疗费用通过社会保障卡支出，而孩子的医疗费用通过现金、活期存款或货币基金支出；日常生活中其余的费用，一般会通过现金、活期存款、货币基金以及信用卡支出。

到了2023年2月28日的时候，王先生家庭的资产负债情况如表2-5所示。

表2-5　王先生家庭2023年2月资产负债表

资产		金额/元	负债		金额/元
现金及现金等价物	现金	625	短期负债	信用卡	6917
	活期存款	5178		消费贷款	0
	货币基金	35226		……	
	定期存款	50000		小计	6917
	……		长期负债	房产贷款	339674
	小计	91029		汽车贷款	63000
债权资产	银行理财	100000		个人信用贷款	0
	债券	0		……	
	债券基金	153320		小计	402674
	……		负债总计		409591
	小计	253320			
股权资产	股票	467431	净资产（总资产－总负债）		3246357
	股票型基金	588310			
	……				

续表

资产		金额/元	负债	金额/元
小计		1055741		
实物资产	自住房	1290537		
	投资房	630131		
	汽车	165900		
	车位	103100		
	黄金	24710	净资产（总资产－总负债）	3246357
	……			
小计		2214378		
其他资产	住房公积金	25741		
	社会保障	15739		
	……			
小计		41480		
资产总计		3655948		

通过表2-3、表2-4、表2-5，你会发现2月底的净资产是1月底的净资产与2月的净收入之和。其实，任何时候记录财务报表，只要填写无误，就一定会出现上一次记录时候的净资产与这段时间内的净收入之和等于这一次记录时候的净资产的情况。也就是说，若你记录时，出现了上一次的净资产与这段时间内的净收入之和不等于这一次的净资产的情况，那说明你的记录或计算出现了误差，需要进一步核实。

通过王先生家庭的案例说明如何正确填写个人（家庭）的财务报表之后，我们再看看财务报表对一个人（家庭）的意义，以及在财务报表中隐藏的一些"秘密"。

第一,在持续记录财务报表的过程(实际上也是一种持续更新自己财务内部信息的过程)中,通过横向、纵向的对比,我们能够清楚地看到自己赚了多少钱、哪些费用还有节省的空间、哪些费用应严格控制在多少预算内、钱生钱的情况如何等,而这些不就是5大基本财商的内容吗?也就是说,坚持记录财务报表,不断改进自己财务情况的过程,就是践行财商、追求财务自由的过程。

第二,通过王先生家汽车的例子,我们可以得知,要使个人(家庭)的资产不断增值,就应该买入不断产生正现金流或在未来大概率能够以更高的价格卖出去的真正的资产,而不是买入尽管填写在资产栏里却不断贬值的实物或金融投资标的物。从这个意义上说,当我们花钱买入任何物品或投资标的物的时候,就应该意识到买入的行为对个人(家庭)资产走向的影响。说得更具体一点,当我们不断买入表面上光鲜亮丽看似是资产实则是负债的东西的时候,我们的资产不仅难以增长,相反还会不断拖我们的后腿。

此外,实物资产与现金及现金等价物、债权资产、股权资产等不同的是,买入实物资产之后只有市场价值,无法用肉眼每天直观地感知到数字上的变化,这也是很多人忽视对实物的消费的原因之一。从另一个角度来说,其实也不难发现,不断引诱我们消费的大部分是负债,汽车、手机、包等(除非用这种东西产生正现金流),可见要想提高净资产、实现财务自由,正确的消费行为是不容忽视的内容。

第三,个人(家庭)的净资产代表着过去的积累,代表着过去的财务成绩,与此同时,财务自由的践行过程也是净资产不断增加的过程。但需要明白的是,由于股票资产短期内的涨跌幅还比较大,因此并不是每次记录的时候收入、资产的数额都是增加的,我们要追求的是长远维度上的增长。

总而言之,在漫长的财务自由的践行之路上,通过每月、每年对财务报表的记录，我们可以直观地看到个人（家庭）的主动收入、支出与被动收入、支出，以及净资产等方面的变化，同时能够调整下一阶段的财务行动，保证在迈向财务自由之路上少走弯路。

· 第三节 ·
静下心，先对你的财务状况进行一次"体检"

2021年春节过后，我与两位朋友一起吃晚饭的时候，聊起了各自的工作、股票投资经历等话题。席间我问了他们一个问题："你们知道，再过20多年当你们退休的时候，能积累多少财富吗？"两位朋友均摇了摇头："这怎么能知道呢？"

的确，对自己的未来，我们每个人无法直观地感知到它，因为站在"现在"这个时间点上，我们无法看到遥远的未来，更何况在漫长的人生旅程中会发生很多意想不到的事情。尽管如此，很多已经准确地掌握了很多重要的概念及方法论的人却能够大致看到自己的未来，尤其能够看到自己未来的财富。

巴菲特在11岁的时候，就知道了自己未来会非常富有。22岁那年，他结婚时对妻子苏茜说："亲爱的，我现在有1万多美元，我现在给你两个选择，一是现在可以花1万美元买套小房子，二是让我拿这1万美元去投资，过几年买套大的。"苏茜说："好，我相信你，去投资吧。"到了28岁那年，巴菲特花了3.15万美元买下了位于奥马哈的一座灰色小楼，至今仍住在那里。32岁那年，巴菲特赚到了自己人生中的第一个100万美元。到1985年，55岁的巴菲特的财富超过了1.5亿美元，他首次进入了福布斯富豪榜。进入21世纪之后，巴菲特更是长期占据着福布斯富豪榜前三名的位置。

像巴菲特这样的智者,之所以能够看到自己未来的财富并提前告诉他人,并不是因为他们有多狂妄,而是他们在很早的时候就找到了积累财富的"钥匙"——坚持用正确的方法做正确的事情,通过时间收获复利的回报。

与这些极少数人不同,绝大多数人是看不到自己的未来会有多少财富的,同时也难以理解为什么那些极少数人那么笃信自己未来会非常富有。

很显然,尽管我们生活在同一片蓝天下,呼吸着同样的空气,但我们每个人都生活在自己的大脑构造的世界里,当然也包括生活在自己的大脑构造的财富世界里。

下面,我举三个比较典型的案例简单分析一下,拥有不同财富思维模式人群的未来财富走向是什么样的。

案例一:"月光族"人群

2019年的某一天,我与一位当时35岁左右的朋友聊天,他告诉我他已经工作了15年左右,目前在一个全球知名的餐饮连锁店当服务员,一个月收入在5000元左右。在聊天的过程中,我注意到了他那部最新的、贷款买的苹果手机,于是进一步问起了他平时的生活状况,尤其是消费方面的状况。他说,在吃和穿方面自己没有什么讲究,只是有几个爱好——旅行、电影、电子产品,每年在这些方面花不少钱。当我建议他趁年轻时一定要做股票或基金方面的投资,为未来的生活做储备时,他说很多时候自己一个月只剩下100元、300元的结余,甚至有时候入不敷出,怎么做投资?能感觉到他根本没有往下听的意思,我也就赶紧闭上了嘴。我很清楚,对一个根本不想改变自己的人,你对他说什么都无济于事。

话说回来，如果我们的大脑里没有对一件事情的概念，那么我们的大脑就倾向于不去想这件事情。当你的大脑里没有"投资"这个概念的时候，你自然想不到做投资，更谈不上做好投资。

储蓄＝收入－消费

财富对这一类型的人来说只有储蓄、收入和消费这三个概念。其中，消费才是重点，即及时享乐。至于收入，那都是顺其自然的事情，因为他们不太相信到了这个年龄还可以通过学习改变收入结构和收入层次。至于储蓄，他们的观念是人生短短几十年，而且未来的事情谁也说不准，所以要活在当下，该享受就享受，年轻的时候不要过多约束自己，不要给自己留下遗憾。这话听起来似乎有一些道理，但与埃克哈特·托利提出的"活在当下"的概念相比，二者最大的区别在于，前者在潜意识里对未来的看法有一些灰暗，甚至是恐惧未来的，以至于不愿意过多关注未来，决定走一步算一步；而后者尽管同样是不去过多关注未来，但其在潜意识里认为未来是光明的、充满希望的，相信只要当下努力，自然就会走向美好的未来。

在财富积累方面，由于这一类人普遍不善于学习，未来的收入很少取决于自己，而是取决于老板，工作的可替代性又很强，所以收入的涨幅会非常有限。即便有一些涨幅，甚至是较大的涨幅，若重点仍在消费，其储蓄也不会有多大的改观。

我有一个比我大一岁的表哥，在人生的前35年他手里确实没有什么钱。大约10年前，表哥与妻子一起去韩国打工，按照他们两人打工的收入，但凡他们有一点储蓄意识，到现在也应该会有上百万存款了，然而，现实的情况是，有了更高的收入之后，他们更热衷于高消费，换好手机、换好衣服、换名牌包……到后期不仅是这些"小件"，"大件"也开始从无到有、从有到优——他们在韩国贷款买了一辆现代轿车之后，开了不到3年，又贷款买了一辆雷克萨斯轿车。

不难发现，上文提到的我那位朋友和表哥都属于典型的"月光族"，按照他们的财富思维模式，其财务报表如图2-4所示。

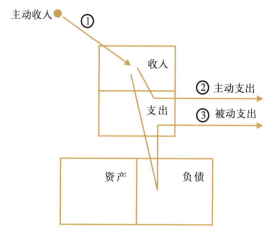

图2-4 "月光族"的财务报表

"月光族"的特点是有主动收入（现金流①）之后，会在很多方面及时享乐（现金流②），甚至是通过贷款的方式提前享乐（现金流③），导致的结果是工作了很多年，却依然存不下什么钱。

2022年春节期间，表哥为了续签签证回来过一次。在那段时间，他一直住在高档酒店，出入高档的洗浴中心。就消费习惯的问题，我跟他有过交流："离60岁越来越近了，你不可能一辈子打工，你和嫂子在国内也没有养老保险，应该为未来的养老做一些规划，现在开始努力存钱，甚至做一些投资。"

好在我俩的关系一直都非常好，他并没有感到不耐烦，而是跟我说："也许是因为之前一直没有什么钱，没有享受过消费的快乐，所以自从手里有了一些钱之后总想花出去，以弥补过去的遗憾。而且你嫂子对我也很好，经常给我买好衣服、好鞋，认为男人就应该在穿着方面讲究点。"以他们现有的财富思维模式，当他们不再年轻、赚不到现在这样多的钱的时候,迟早会回到过去的生活。就怕当他们意识到这个问题的时候,已经来不及了。

案例二:"节俭族"人群

我认识一对夫妇,二人都在事业单位工作,收入在工薪阶层还算是不错的。他们工作了将近20年,平时比较节俭,现在有了上百万的存款,这些钱大部分都买了利息为4.5%—5.0%的银行理财产品。

消费=收入-储蓄

对这一类型的人来说,财富对他们来说也只有储蓄、收入和消费这三个概念,但与第一种类型的人不同的是,这类人的重点是储蓄,他们懂得延迟享受,与此同时,在他们的概念里,财富的积累是靠"加法",是一点一点累积起来的。即便做一些投资,由于缺乏主动学习和追求复利的意识,其投资也仅限于保本的、风险较小的投资。

这一类型的人最大的优点在于比较节俭,然而节俭也是一把双刃剑,他们不仅在平时的生活中比较节俭,在投资自己方面也比较节俭(我想说的是,那些进步快的人或者具有富人思维的人真的很舍得投资自己,不仅阅读大量的书籍,而且还会花很多钱上各种培训班,短期内学到他人的经验),这也导致了其收入的增长虽比较稳定,但也非常有限且单一;不仅如此,缺少一定的投资能力,导致其财富的"雪球"滚得太慢,长期来看,也难以积累巨大的财富。"节俭族"的财务报表如图2-5所示。

"节俭族"的特点是有了主动收入(现金流①)之后,按照制定的预算,严格控制消费支出(现金流②),同时把剩余的钱储存起来(现金流④),买一些货币基金、银行理财产品等,产生一些被动收入(现金流⑤)。

现在回想起来,很多年前的我大体是属于这一类型的,但与这对夫妇相比,我不仅没有人家那么节俭,也没有像人家那样通过买理财

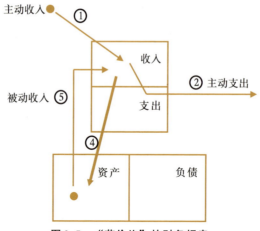

图 2-5 "节俭族"的财务报表

产品赚点小钱的意识,当时根本都没看上那 4% 的收益率,现在看来是多么可笑啊!

案例三:"投资族"人群

罗国华老师是我在 2018 年北京的财商培训课上认识的朋友,年龄与我相仿。罗老师 23 岁参加工作,当时的月收入在 1300 元左右,工作之余最大的爱好就是阅读关于财商、投资等方面的书籍。就这样一边工作,一边用积蓄做股票、基金等方面的投资,在 37 岁的时候他实现了财务自由。也就是说,尽管长期以来罗老师的工资收入并不高,但是其简朴的生活习惯、出色的投资能力成了他积累财富、实现财务自由的"涡轮发动机"。

消费=收入-储蓄-投资自己-投资金融-投资其他

很显然,对罗老师来说,财富不仅有收入、消费、储蓄的概念,还包括更为重要的投资自己、投资金融,以及投资各种资源等概念。

从 2018 年下半年开始,罗老师走上了财商教育之路,他把自己的财商理念以及 10 多年的投资经验与更多人分享,已经开办了 30 多期的"普通人的财务自由之路"课程。

《邻家的百万富翁：美国富翁的惊人秘密》是托马斯·J.斯坦利和威廉·D.丹科合著的一本深入探讨美国人财富问题的书。两位作者对律师、医生、老师等不同职业的人群从衣食住行、消费习惯、子女教育等多方面进行了调查研究，得出的结论是，最终成为百万富翁（净资产超过100万美元）的人，绝大多数并不是很多人以为的那些开豪车、住高档小区、穿名牌服饰等看上去富有的人，而是长期努力工作、生活简朴、坚持做好投资的人，尤其是面对失业、疾病等意外时，那些看上去很低调的人往往表现得没有那么低调。

第三类人的财务报表如图2-6所示。

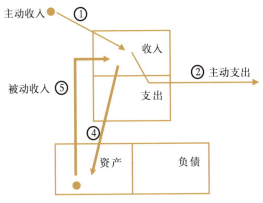

图2-6 "投资族"的财务报表

仔细对比图2-5、图2-6后，你会发现两张图从内容上看没有什么区别，都有主动收入（现金流①）、有控制的支出（现金流②），并用节省下来的钱进行投资（现金流④），产生了被动收入（现金流⑤）。然而，通过进一步对比后，你会发现"节俭族"和"投资族"最大的区别在于投资的长期收益率上。也就是说，对绝大多数普通人来说，想实现财务自由，控制好支出仅仅是基础，还要通过学习投资知识，提高投资的收益率。

通过上面提到的三类典型案例，我们明白了不同的财富思维模式对财富走向的影响。显然，想改善财务状况，乃至实现财务自由，我们非常有必要首先对自己或家庭进行一次财务上的"体检"，判断自己属于三种典型类型中的哪一类，诊断出自己在财务方面存在的问题，从而进行有效的改进。

2021年9月3日，央行发布了一份《消费者金融素养调查分析报告（2021）》（以下简称《报告》），该报告涵盖了全国31个省份，受访者人数高达14万人。

《报告》显示，在这14万人中，有56.5%的受访者在最近两年都没有储蓄，也就是说"月光族"占比超过了50%。

与此同时，有贷款的消费者中，58.97%的受访者表示目前债务负担较轻，而33.72%的受访者表示负担较重，7.31%的受访者表示负担非常重，合计41.03%的受访者表示负担较重和非常重。

从收入维度看，月收入20000元及以上的受访者中，76.3%的受访者表示目前债务负担较轻，月收入10000—20000元的受访者中认为债务较轻的比例为69.22%，月收入5000—10000元的受访者中认为债务较轻的比例为61.45%，月收入2000—5000元的受访者中认为债务较轻的比例为54.09%，月收入2000元以下的受访者中认为债务较轻的比例为44.53%。

总体上看，尽管随着收入的提高，认为债务负担较轻的人群比例逐渐在增加，但仍有不少人存在着债务较重的问题。

尽管人们的收入逐渐呈现增长的趋势，但是支出和债务量也逐渐增多，因此很多人普遍存在着财务上的"三高"问题，即收入高、支出高、负债高。与此同时，很多人并没有建立起买入高收益率资产的概念,买入基金、股票等长期收益率较高的股票类资产的人只有一半。

很显然,要"治疗"财务的"三高"问题(见图2-7),首先要降低支出,日常生活的衣食住行、娱乐等方面通过记账、制定预算等方式逐渐减少支出,与此同时要逐渐减少负债的项目。更为重要的是,减少支出和负债不仅意味着有更多的资金投入资产栏,获得更多的被动收入,而且会加快我们实现财务自由的进程。

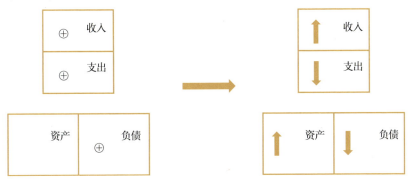

图 2-7　财务"三高"问题的"治疗"方案

·第四节·
普通人实现财务自由的"终极秘籍"

第二章的前三节分别从财商的5个重要概念、个人(家庭)财务管理工具,以及财富思维模式的角度,分析了践行财务自由的策略和方法。

本节将从另一个角度——文字拆解,来加深大家对财务自由的理解,并从结果反向推导,说明普通人需要在哪些方面努力、怎样努

力,才能在践行财务自由的道路上少走弯路。

汉字是一种非常特别的文字,很多时候能够从文字的拆解当中理解其寓意。那么,从文字拆解的角度看,如何理解财务自由呢?

财 务 自 由?

贝 + 才 + 务 ➡ 自由

我们可以把"财务自由"四个字拆解成"财""务""自由"三个部分,其中"财"字的左边是"贝"字,右边是"才"字。

"贝"字,始见于甲骨文,其古字形似海贝。"贝"泛指有介壳的软体动物,但主要是指海贝。在古代,贝壳是人们喜爱的装饰品,也是货币,代表着财富,所以带"贝"的字大都与钱财有关,例如财、货、资、贵、贱、贩、赠等。

"才"字始见于甲骨文。本义指草木初生,引申义为才智、才能、有才能的人等。

"财"字始见于小篆。本义指财物;又通"材",义为材料;又通"才",义为才能、才干等。

当我们把"财"字拆解成"贝"和"才",重新组合理解之后,就能够意识到"贝"(钱)本身也是具备才能的。

"务"字始见于战国时期文字。本义是专心从事、致力追求,后引申为要事、事业,泛指工作、公务等意思。

"自由",在中国古文里的意思是"由于自己",就是不因外力,是自己做主。

在心理学上,自由是按照自己的意愿做事;在社会学上,自由是在不侵害别人的前提下,可以按照自己的意愿行事;从法律上讲,自由就是不违法。

总而言之，自由就是在无害于他人的前提条件下，有权按照自己的意愿做事，或者有权选择不做违背意愿的事情。

其实，在当今社会只要你不违法、不侵害他人，就不会有人干涉你的自由。可是，为什么还是有很多人觉得自己不够自由呢？

很多事情可以从时间和空间的角度去分析和理解。仔细琢磨就会发现，很多人感觉到不自由的原因在于，在一定的时间（例如上班时间）和空间范围（例如工作地点）内，需要展现自己的能力来挣钱，以满足日常生活中物质的需求。也就是说，人被"挣钱"这个"指向"束缚了，导致其在时间、空间上感到不够自由。

（在时间、空间上）才 + 务 ➡

挣钱 ➡ 不自由

人的正常生活，离不开衣食住行、娱乐、教育、医疗等方面的支出，这样的"紧箍咒"导致很多人不得不一直工作下去。

很显然，要让自己"解放"出来，就需要某一个东西能够持续地替你工作，而这个东西就是钱（"贝"）。既然钱本身具备能力（"才"），那就想办法让钱替我们在时间、空间上不停地工作（"务"）。

说到这里，可能会有人产生这样的疑问——为什么是钱？难道其他被动收入无法替代钱把我们"解放"出来吗？

的确，除了钱之外，还有很多资产都可以产生被动收入，例如自己投资的房产、超市、餐饮店、企业，以及自己写的书、录制好的网络课程等。但是，与钱不同的是，这些都是赚钱的方式、手段，而且更为重要的一点是它们的持久性不稳定。

你会发现，很多超市、餐饮店、企业的"寿命"没有那么长，难

以带来长久稳定的被动收入。即便是房产,如今在很多城市也不像10多年前那样能够带来稳定的租金收入;至于书籍、网络课程等知识型资产,有些人可以通过知识的积累,创造知识型资产从而获得被动收入,然而对绝大多数普通人来说,写出一本畅销书是小概率的事情,更何况书籍的版税本身就不高;同样地,普通人也很难创造出一个能够长期销售、带来的收益能让自己"躺平"的网络课程。

归根结底,只有钱带来的被动收入才能够彻底把你"解放"出来,其他方式都是在相对短的时间内赚取收入的手段。

当你能够充分发挥钱的"才能",让钱替你在时间、空间上持续工作并赚取收入,且当收入大于日常支出的时候,你才能够获得"解放"。

$$钱(贝)×投资回报率(才) > 日常支出$$

➡ 自由

然而,我们每个人的资金量不同、投资回报率不同,消费理念、消费欲望也不尽相同,这每一个要素都在影响我们实现财务自由的进程。

很显然,为了早一点实现财务自由,我们需要在三个方面进行努力,分别是挣更多的钱、省更多的钱,以及提高钱生钱(投资)的能力。在践行财务自由之路上,所有的努力都是围绕这三个方面展开的。

财务自由之路,是一边学习一边实践的过程,也就是说,学习与实践是并联的关系,而不是串联的关系。不仅如此,挣钱、省钱、投资这三大方面也是并列的关系(见图2-8)。

从挣钱、省钱、投资三个维度去改善我们的财务状况有以下好处。

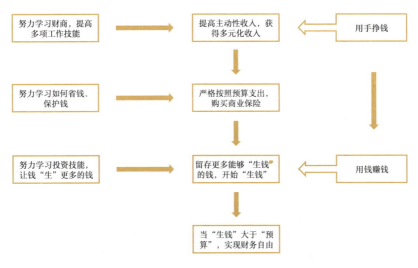

图 2-8　财务自由践行之路

第一，在学习挣钱、省钱、投资的过程中，你会发现省钱是最容易做到的，在堵住财务"漏洞"的基础上，再来逐渐积累财富。

第二，在几年乃至十几年追求财务自由的过程中，我们不仅要看到知识上的收获，还要看到财富（净资产）的增长，只有尝到了甜头，才能够坚定理财信心。

第三，财商的五种基本能力缺一不可，同时践行五种能力，自然会比只用一种能力赚钱更快、更稳。在"赚钱"的学习与实践中，会采用"赚更多的钱"这种财商能力；在"省钱"的学习与实践中，会采用"守住你的钱"与"预算你的钱"这两种财商能力；在"投资"的学习与实践中，会采用"撬起金钱的杠杆"与"更新你的财务信息"这两种财商能力。

按照财务自由的概念，当投资收入大于日常支出的时候，就实现了理论上的财务自由。然而，在未来的生活中，并不是所有的因素都

是确定的，例如通货膨胀率、每年的投资回报率等都不可预测，那么，从资金量的角度看，我们至少需要多少资金，才算是比较稳健地实现了财务自由呢？

首先，你要清楚保障个人（家庭）每个月基本生活所需要的最低金额，个人（家庭）财务自由的门槛是：

每月基本生活所需的最低金额×12÷年化理财纯收益率

要注意：理财纯收益率＝扣除通货膨胀率后的理财收益率＝名义理财收益率（投资机构账面上给你的收益率）－通货膨胀率

假定年化理财纯收益率是4％，如果你所在地区的通货膨胀率是3％，那么你投资的理财产品年化收益率应该达到7％。

在年化理财纯收益率为4％的前提下：

财务自由门槛＝每月基本生活所需最低金额×12÷4％＝每月基本生活所需的最低金额×300

如果个人（家庭）每月基本生活所需的最低金额是12000元，那么其财务自由的门槛是360万元。

进一步假设，每月基本生活所需的最低金额12000元保持不变，但你通过学习投资理财，使年化理财纯收益率达到8％，这时财务自由的门槛是180万元。很显然，投资能力越强，实现财务自由的资金门槛越低。

实现了财务自由，你就能够毫无畏惧地去做自己喜欢的事情，这样我们才更容易发挥出自己的价值，从而获得幸福感。

所以，在实现财务自由之前，一定要坚持努力工作多挣点钱，通过预算多省点钱，把省下的钱通过自己的投资技能多"生钱"，直到把自己彻底"解放"出来，做自己更喜欢、更擅长的事情。

◇

财务自由是我们大多数普通人的目标，实现这个目标以后，我们完全可以借着复利的力量，不断地创造更大的财富。

很多人都看过复利的公式，即 $M_n = M_0 \times (1+i)^n$。

其中，M_0 是起始值，金融术语叫本金；i 是投资年化收益率；n 是投资时长，通常以年计；M_n 是 n 年后的最终值。

按照此复利公式，每年的财富值分别为：

起始值：$M_0 = M_0$

一年后：$M_1 = M_0 \times (1+i)$

两年后：$M_2 = M_1 \times (1+i) = M_0 \times (1+i)^2$

三年后：$M_3 = M_2 \times (1+i) = M_0(1+i)^3$

……

在投资的过程中，如果我们不断增加投资资金，那么公式会变成：$M_{n+1} = M_n \times (1+i) + A$。

其中，M_{n+1} 是 $(n+1)$ 年后的最终值，A 为第 n 年投入的投资资金，金融术语叫年金。

按照此公式，每年的财富值分别为：

起始值：$M_0 = M_0$

一年后：$M_1 = M_0 \times (1+i) + A$

两年后：$M_2 = M_1 \times (1+i) + A$

三年后：$M_3 = M_2 \times (1+i) + A$

……

与前面的公式相比较，除了 M_0 完全一样之外，由于年金的投入及其本身不断产生的复利效应，从 M_1 开始，越往后差距会越大。

假设，本金为100000元，年化投资收益率为10%，第一种情况（A），只有起始资金；第二种情况（B），每个月投入1000元；第三种情况（C），每个月投入2000元（见表2-6）。

表 2-6 不同年金的投资情况

情况类型	本金/元	年化投资收益率/（%）	年金/元
情况 A	100000	10	0
情况 B	100000	10	12000
情况 C	100000	10	24000

那么，未来30年里，就会呈现如图2-9这样不同的财富走势，时间越久，差距会越来越大。

所以，在未来的财务自由之路上，我们在想办法多挣钱的同时，要增加年金的投入，以缩短实现财务自由的时间。

进一步假设，本金为100000元，每个月投入资金为1000元，年化投资收益率分别为3%、10%、15%、20%（见表2-7）。

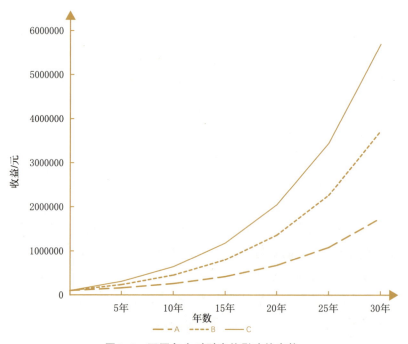

图 2-9 不同年金对财富值影响的走势

表2-7 不同年化投资收益率的投资情况

情况类型	本金/元	年化投资收益率/（%）	年金/元
情况D	100000	3	12000
情况E	100000	10	12000
情况F	100000	15	12000
情况G	100000	20	12000

那么，未来30年里，会呈现如图2-10这样不同的财富走势。

从图2-10中，我们可以得出以下结论。

第一，对绝大多数非高收入的上班族来说，如果没有学习过投资知识、没有投资能力，而把辛辛苦苦挣来的钱，只投资在银行理财产品、货币基金等收益率只有3%左右的标的物时，是很难通过投资改变生活的，甚至收益都跑不赢通货膨胀。

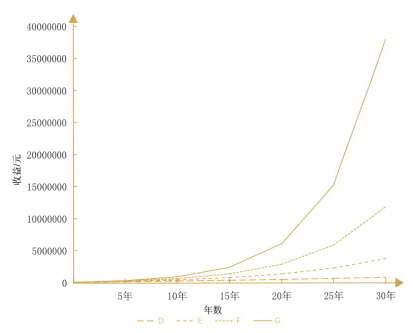

图2-10 不同年化收益率对财富值影响的走势

第二,在投资本金相同的情况下,具备一定投资能力(年化收益率为10%以上)的人,逐渐与不懂得投资的人拉开财富上的差距。

第三,投资年化收益率越高,随着时间的推移,财富差距会越来越大。因此,我们应该持续提高投资能力,让自己的钱不断地创造更多的财富。与此同时,具备较强的投资能力之后,我们还要不断努力,通过各种途径挣更多的钱,并把它们持续投到投资中。

最后,要强调的是,正如图2-9、图2-10所示,开始投资的时候,财富值并不会发生根本性的变化,甚至还可能出现亏损的情况,这导致很多人缺乏耐心,甚至心生恐惧,从而停止了投资。殊不知,耐心不仅是一个人最终能否成就大事的重要因素,还是很多投资高手不可或缺的人格特质,就像卓越的股票投资家、证券投资基金经理彼得·林奇所说的那样:"股票投资和减肥一样,决定最终结果的是耐心,而不是头脑。"

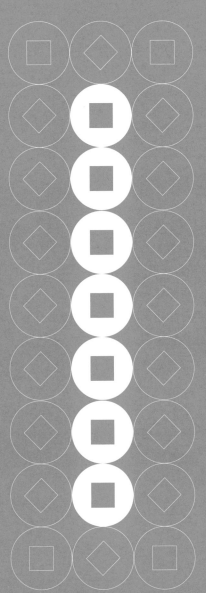

第三章

如何增加你的收入？

第一节

为什么很努力，挣到的钱却不多？

对绝大多数的人来说，从离开校园的那一刻开始，就意味着进入了人生新的阶段，也就是从追求学科成绩的阶段，进入了追求财务成绩的阶段。在影响财务成绩的若干个要素当中，有一个要素是最受大家关注的，就是挣钱。

人们为了挣钱，在不同的行业、不同的岗位上，通过各种途径，付出着自己的努力。尽管每个人都想多挣点钱，提高自己和家人的生活质量，然而现实的情况是每个人的收入水平千差万别，并不是所有的人都对自己的收入很满意。

说到挣钱，其实我们也不难发现，并不是当年考上了更好的大学的人就会挣得更多，并不是学历高的人就会挣得更多，也并不是每天付出工作时间最长的人挣得就更多……

那么，一个人能挣多少钱到底取决于什么呢？

刘润老师在《底层逻辑》一书中提到过，人生的商业模式＝能力×效率×杠杆。

在我看来，这个人生的商业模式公式就能够很好地解答关于一个人挣钱能力的困惑，更为重要的是，它给人们指出了在未来的学习和工作中努力的方向和策略。

下面，我们深入分析一下能力、效率、杠杆是如何影响一个人挣钱的。

按照常人的理解，我接受过良好的教育，有一份比较好的工作，我的收入状况应该还不错。然而，现实的情况是，我在挣钱这件事情上迷茫了十多年的时间，无论如何也难以理解自己明明有超过绝大多数人的教育背景，且认真对待每一项工作，可就是挣不到大钱。

直到2018年4月，我在李笑来老师的《财富自由之路》这本书里看到下面这幅图（见图3-1）的时候，我才明白这么多年来无论我怎么努力也无法挣到大钱的根本原因——能力不足，或者说成长得远远不够。

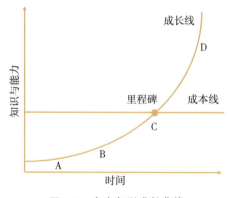

图3-1　个人复利成长曲线

盯着这幅图，我认真审视过自己，我目前处在曲线的什么位置呢？得出的答案是A区域。尽管我不太想承认，也不愿意相信，但事实就是事实，毋庸置疑。

这幅图里有一个成本线与成长线的交叉点——"里程碑"，尽管李笑来老师并没有明确指出要到达"里程碑"需要多长时间、要做到何种程度，但是，当我结合丹尼尔·科伊尔的著作《一万小时天才理论》与马尔科姆·格拉德威尔的著作《异类》的核心观点"一万小时定律"——一万小时的刻意练习是任何人从平凡变成世界级大师的必要条件——的时候，我想到："里程碑"与"一万小时定律"有没有异曲同工之处呢?

顺着这个思路,再看看自己有没有在一个专业领域,或者围绕着人生某一个长远的目标锤炼了一万小时,哪怕是五千小时呢?说实话,当我拿起笔认真计算的时候,发现别说五千小时了,连两千小时都没有。

说到这里,可能会有人产生这样的疑问:你不是硕士毕业吗?而且还工作了十多年的时间,怎么可能连两千小时都没有呢?但事实的确如此。

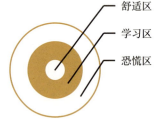

图 3-2　影响个人成长的三个区域

"一万小时定律",并不是说你在某一个领域"待"了一万小时就可以达到大师级水平,而是指为了追求进步,走出自己的舒适区,在学习区刻意练习一万小时(见图3-2)。

图3-2中最中心的舒适区,反映的是学习没有难度的知识或技能,又或者是做没有难度的工作,处在舒适区的人内心是一种比较舒适、轻松的状态;中间的学习区,反映的是学习有难度的知识或某项技能,又或者是做某项工作存在一定的挑战性,因而内心感到不适,但还不至于很难受;最外层的恐慌区,反映的是一个人学习超出自身能力太多的知识或技能,又或者是从事难度过大的工作,因而内心感觉严重不适,甚至会导致崩溃、放弃。

每个人的舒适区、学习区、恐慌区的划分是不同的,学习某一项技能对一些人来说可能处在学习区,但对另一些人来说可能在舒适区,也有可能在恐慌区。

不难理解,如果一个人长期处在舒适区是无法取得进步的,换句话说,人的成长是在学习区不断学习、实践、反馈的过程中获得的。

与此同时，伴随着一个人的成长，其舒适区域会越来越大，意味着其掌握的知识越来越多，能解决的问题、取得的成果也越来越多。

在这里要特别强调的是，想要走出像图3-1中那样的复利成长曲线，除了长期在学习区学习、实践、工作以外，你所学到的知识、技能与从事的工作还要有连续性、积累性，即今天所学到的知识、技能，以及所做的事情都能够成为未来更快速成长、高效做事、取得成果的基础。也就是说，即便你长期在学习区学习和工作，但如果你所学到的知识之间、掌握的技能之间、从事的工作之间毫无相关性的话，也不会走出随着时间的推移而逐渐上扬的复利成长曲线，而是永远"趴"在A、B区域。

理解了复利成长曲线之后，当我站在2018年的时间点，回顾自己过去21年的经历的时候，现实强烈刺痛着我的内心——在7年的学业生涯和14年的职场生涯中我浪费了太多的时间、做了太多的无用功，毫不夸张地说，除了硕士毕业证和通过还算不错的毕业证找到的工作之外，几乎什么都没有留下。为什么这么说呢？

简单地说，我在大学和硕士研究生阶段，为主攻的高分子化学专业投入的时间（包括学习专业知识、查资料、做实验、写论文等）累计起来没有超过2000小时。需要注意的是，我在这里用的是"投入"，而不是"刻意练习"，意味着在这2000小时里面还有"水分"，这2000小时并没有给我知识和技能的提升带来实质性的帮助。

2004年硕士研究生毕业之后，我来到了一家环境科研单位就职，不再继续主攻高分子化学方向。这意味着我要在接下来的几年里把大学和研究生阶段所学到的高分子化学专业知识一点一点还给我的老师。这同时也意味着，刚毕业的我几乎要以自学的方式，重新学习另一个专业领域的知识以及相关的技能。然而，现实的情况是我始终没能很好地掌握环境相关领域的知识和技能，这或许是因为当年的我不大懂得如何高效学习，又或许是因为我在环境专业方面的天赋一般。再加上由于单位工作的需要，我在不同的专业部门之间调动过多次，做过不同专业、不同岗位、不同性质的工作，因此哪怕是在环境的某一个细分领域（例如固体废物、废水、废气等）里也没有形成太多连续性的积累。

也就是说，尽管我有看似不错的教育背景，也有14年的工作经历，但仔细一算，我的综合能力还是处在A区域。当我确定这一事实的时候，很多在过去的10多年里无论如何也想不明白的事情，终于有了清晰的答案。

第一，当我处在A区域的时候，意味着大概率我还未掌握所从事专业领域的核心知识和技能，注定了我无法参与单位和部门的核心业务。始终处于"边缘地带"的我，怎么可能获得可观的收入呢？

第二，当我处在A区域的时候，注定了不会遇到伯乐。一方面，处在A区域的人实在是太多了，茫茫人海中伯乐根本看不到我；另一方面，我也不是什么"千里马"啊，当我没有能力提供更多价值，同时也没展现出发展潜力的时候，伯乐凭什么找我合作呢？当我没有机会与他人合作的时候，自然不会有太多的机会挣到大钱。

第三，当我处在A区域的时候，意味着不仅是我的专业知识及相关的能力不足，其他方面的知识和能力，例如个人成长领域的知识也不足，导致我很难意识到自己的问题所在。所谓"知道，才能做到"，当我不知道的时候，怎么可能做到呢？即当我的脑子里都没有正确的"知"的时候，肯定不会带来正确的"行"，自然无法做到"知行合一"。更为重要的是，当我意识不到自己的问题的时候，我会永远活在自以为是、实则存在很多错误的认知世界里，然后不断重复过去的行动，从而形成恶性循环，自己却浑然不知。从这个角度来说，过去很少学习个人成长领域知识的我，真的是吃了大亏啊！

第四，当我处在A区域的时候，意味着缺少持续学习的习惯，因为当一个人主动付出很多时间持续学习的时候，会逐渐走出A区域，走向B区域、C区域……当我没有持续学习的习惯时，几乎不会学到财商相关的知识，说得更直接一点，就是不会明白怎样才能挣更多的钱。例如，我不会明白当一个人在某一个领域积累了足够多的知识和技能的时候，还可以通过写书或制作课程等方式，打破时间和空间的限制挣到钱。

第五，当我处在A区域，却不知道还可以通过持续的刻意练习，从A区域逐渐走向B区域乃至C区域、D区域的时候，我的未来是灰暗的。反过来，尽管我暂时处在A区域，但是只要我一边学习如何成长、如何做事，一边努力实践，若干年后的某一天我也有机会触碰到"里程碑"。

当我想明白了这些的时候，一方面，我有一些懊悔——为什么我没有更早地意识到终身学习、持续成长的重要性呢？另一方面，我也很庆幸——尽管想明白稍微晚了一些，但总算在还有机会走出人生逆境的时候想明白了。

话说回来，对绝大多数的人来说，包括专业领域和个人成长领域在内的综合知识与能力是挣到更多钱的源头保障。当你没有什么知识储备和技能的时候，不仅无法融入团队，与大家一起创造更大的价值，而且自己也无法提高收入。

一个人的能力是挣到更多钱的前提，但是有能力不代表就一定能够挣更多的钱。你会发现，有些人掌握的知识非常多，也具备很强的个人综合能力，可以解决很多问题，但是并没有挣到很多钱，问题出在哪里呢？

下面,我们就分析一下效率是如何影响一个人挣钱的。

管理学上的效率是指在单位时间内完成的工作量,或者说是某一工作所获的成果与完成这一工作所花的时间和人力的比值。说得更简单一点,对个人来说,其工作效率就是成果产出与投入时间之比。在这里需要注意的是对成果产出的理解,它不仅仅追求成果的数量,同时还要兼顾成果的大小和影响期。

有些人每天都很忙,做了不少事情,例如,设计师花5个小时做了原创设计,小张花了2个小时打印材料并花了3个小时给客户送过去。当然,我们不能否认小张也付出了劳动,体现了一定的价值,可是,对小张来说,做这样不断重复却对个人的成长几乎没有帮助的工作,除了挣到工资以外,还有什么收获呢?就算小张有良好的教育背景,但每天重复这样的工作,做1年和5年、10年有什么本质的区别呢?有什么拿得出手的成果呢?而对设计师来说,即便他没有良好的教育背景,但在同样的时间内他完成了上百个不同的设计项目,不断精进自己在设计方面的知识和技能,获得了一些行业内认可的奖项。同样的时间内,二人都在忙碌,然而随着时间的推移,二人成长和收入的差距会越来越大。

说到成果,并不是每一项成果的价值都一样,根据影响期的长短,分为影响期长的成果和影响期短的成果;根据影响的大小,分为大的成果和小的成果(见图3-3)。

当然,所谓的长短与大小都是相对的,就上述的例子来说,设计师的设计工作对整个项目的影响相对于小张打印和跑腿的工作要大;设计师通过不断精进,获得一个又一个奖项,相对于小张几乎没有积累的成果,其影响期长得多。若干年后,当年积累的成果、技能仍会影响设计师的收入层次。

图 3-3　影响期长短与影响大小的二分法四象限

仔细想想，我们的收入是不是通过成果的完成来实现的呢？比如，可以通过写一本书挣版税收入；可以通过制作网络课程挣培训收入；在职场上，很多人通过完成大大小小的任务挣工资收入、提成收入等。

总而言之，你会发现，职场上收入高的人不断在做影响大且影响期长的事情，而收入相对低的人并没有这方面的意识，很多时间在做无用功。这也是为什么看似能力相差无几的两个人收入却千差万别的很重要的原因之一。

也就是说，尽管知识和能力是一个人完成更多成果的前提，但是光有知识和能力还不够，甚至可以说，不追求成果的知识和能力是伪知识和伪能力，对挣钱毫无帮助。因此，要在我们的大脑里植入成果意识，无论是学习还是工作，都是为了完成成果，而不是为了学习而学习，为了工作而工作。

想明白了这一点，我们再审视一下自己，过去的几年一直在忙碌，一直在努力，有什么有价值的成果吗？

我们通过长期的刻意练习，历练了出色的能力，也能够做出成果。然而，能否挣到大钱很多时候还取决于人生商业模式的第三个要素——杠杆。

我们先来分析一下能力、效率以及杠杆之间是什么样的关系。

很多情况下，能力是效率与杠杆的前提。越有能力的人，越能够意识到效率与杠杆的重要性，所以在做事情的过程中，有意识地提高成果的效率，以及尽量产出能够发挥出杠杆作用的成果。如果说，效率意味着产量与质量，那么杠杆意味着成果能够最大限度地发挥价值，从而获得更高的收入。

在前文中提到过，万事万物都是由时间和空间构成的。在财商领域，杠杆意味着打破时间和空间的限制，从而获得放大的效果。在我看来，罗伯特·清崎的《富爸爸穷爸爸》系列丛书中提到的职业四象限，很好地说明了杠杆在收入方面的作用。

职业四象限分别为E象限的雇员、S象限的自由职业者、B象限的企业家，以及I象限的投资者（见图3-4）。

图3-4　职业四象限

那么，处在E、S、B、I象限的人在收入模式上都存在哪些差异呢？

处在E象限的是雇员,指被雇请的任何个人,比较典型的是上班族,不管是在企业上班,还是在政府部门上班;不管是管理层,还是普通员工,都属于这一类。雇员的收入模式存在以下几个特点:第一,会通过出卖自己的劳动和时间来换取工资收入,一旦失去工作就会失去工资收入,属于主动收入;第二,由于按工作时间获得收入,工作一个月只能获得一个月的收入,无法获得两个月、三个月等更长时间的收入;第三,一个人只能获得一人份的收入,无法获得多人份的收入。

由于E象限的雇员在收入模式上存在时间和空间上的限制,再加上属于主动收入,因此对绝大多数的人来说,当一个人只有E象限的收入时,是很难成为富人的。

处在S象限的是自由职业者,他们给自己打工,做自己的老板。根据是否具备时间或空间上的杠杆性质,自由职业者一般分为两种类型,分别是普通的自由职业者和杠杆化的自由职业者。普通的自由职业者,比如修鞋匠、洗衣店老板、开小诊所的医生等,这一类人的收入模式特点包括:第一,主要通过出卖自己的专业技能换取收入,不提供服务就会失去收入,属于主动收入;第二,大部分自由职业者亲自提供服务以换取收入,而且上一次的服务无法为下一次所用,因此在时间上没有杠杆化效应;第三,由于自由职业者亲自为客户服务,因此无法同时为处在不同空间的客户服务,在空间上也没有杠杆化效应。

最为典型的杠杆化自由职业者是培训师,培训师还可细分为线下培训师和线上培训师,二者在收入模式上存在一定的差异。线下培训师的收入模式特点包括:第一,主要通过出卖自己的知识和时间换取收入,不提供培训就没有收入,属于主动收入;第二,线下的培训师亲自授课,而且每一次都是相对独立的,因此在时间上没有杠杆化效

应;第三,线下的培训师可以同时给很多人讲课,虽然人数受到场地的限制,但仍表现出一定程度上的空间杠杆化效应。

在当今的移动互联网时代,出现了很多线上培训师,线上培训师把录制好的课程或讲义上传到网络上,供学员们学习。这种人群的收入模式特点包括:第一,尽管一开始需要投入时间和精力设计课程、录制课程,但后期无须投入太多,只要有人在网络上下单,就会产生收入,属于被动收入;第二,录制好的课程,可以在任何时间段在网络上销售,在不同的时间可以不断复制,因此在时间上具有杠杆化效应;第三,录制好的课程,可以向全国各地乃至全世界不同空间的人销售,表现出空间上的杠杆化效应。

线上培训师的收入模式具有时间和空间上的杠杆化作用,一次的付出可以为不同时间、不同空间的人服务,在此过程中,培训师获得杠杆化的收入,这也是当今移动互联网时代很多人愿意做知识付费的很重要的原因。

处在B象限的是企业家,他们聘用具备各种专业能力的雇员为自己打工,主要是利用雇员的能力创造某种产品或服务,并在销售的过程中获得收入。企业家的收入模式存在以下几个特点:第一,企业家充分利用具有各种专业能力的雇员,打造了一个企业系统,让每一位雇员在自己所在的岗位上发挥自己的能力,为企业创造收入,企业家赚取被动收入;第二,企业创造的产品或服务,可以在不同时间、不同空间出售,具备时间和空间的杠杆化效应;第三,企业家在自己的时间、空间、能力有限的条件下,利用雇员的时间、空间、能力创造了大量的产品和服务,在产品或服务的源头上同样具备杠杆化效应。

显然,B象限的企业家不仅在产品或服务的源头上具有时间、空间的杠杆化效应,在销售的终端上也具有时间、空间的杠杆化效应,这也是福布斯富豪榜上的绝大多数人是企业家的很重要的原因。当然，成为一名企业家并不是一件容易的事情，不仅需要很强的综合能力，同时也要承担很大的财务风险、市场风险等。

处在I象限的是投资者，也就是前文所说的利用钱的能力赚钱，只是同样的钱，在不同的主人手里，钱的能力也不尽相同。投资者的收入模式有以下几个特点：第一，在绝大部分时间，钱可以脱离主人工作，为自己的主人赚取收入，投资收入属于被动收入；第二，钱也可以突破时间与空间的限制，与其他收入模式的时间加法不同的是，投资收入模式的时间是幂次法，形成复利效应；第三，投资的资金量不大的时候，看不出多大的威力，以至于很多人半途而废，然而当资金量达到一定程度后，就会显现出惊人的投资力量（这里的投资指的是购买金融理财产品），而且不需要与其他人打交道，直接买入就好了，全凭自己的能力，是实现财务自由的必备技能。

E象限的雇员、S象限的自由职业者、B象限的企业家，以及I象限的投资者的收入模式见表3-1。

表3-1 职业四象限的收入模式汇总

现金流象限类型	典型的职业	收入类型	从产量的角度看，是否形成规模	从销售的角度看，是否受到时间的限制	从销售的角度看，是否受到空间的限制
E	公务员、企事业单位上班族	主动收入	否	是	是
S1	修鞋匠、牙医、律师	主动收入	否	是	是
S2	线下培训师	主动收入	否	是	受到一定的限制
S3	线上培训师	被动收入	否	否	否
B	企业家	被动收入	是	否	否
I	投资者	被动收入	是	否	否

杠杆就是这样不动声色地影响着每个人的收入水平。其实，人们大体上感知得到从事什么样工作的人能够获得更高的收入。只是，绝大多数人在系统学习财商知识之前不太容易看出其中的缘由，从而无法早一点朝着不断完善人生商业模式的方向去努力。这也是我不断强调财商教育重要性的原因之一，因为它不仅会影响我们的收入模式、收入水平，更为重要的是会影响我们为此努力的过程。

早些时候系统地接受过财商教育的人，很清楚要想获得杠杆化的收入，需要掌握若干个非常必要的知识或技能，于是在接下来的学习和工作中，他们把注意力放在了学习这些知识或技能上，并在事业道路上实践这些知识或技能，与此同时，随着所在领域业务模式的发展与变化，继续有针对性地学习（见图3-5）。

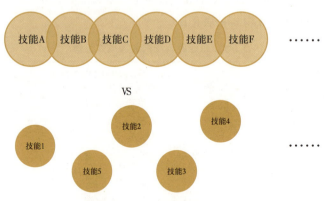

图3-5　两种人群的努力方式

而像过去的我一样，没有接受过财商教育的人，很难把大部分的注意力放在能够获得杠杆化收入的那些必要的知识或技能上，而是把注意力放在了相互之间关系不大、也很难形成合力的各种知识或技能上，导致的结果是看似努力，却始终看不到太大的希望，然后反复责怪自己的意志力不够，又重新开始……

话说回来，既然人生的商业模式取决于能力、效率、杠杆，那么当一个人挣不到大钱的时候，说明其在能力、效率、杠杆中的某些要素上做得不够好。既然能力是效率和杠杆的源头，那我们应该从获取杠杆化收入所需要的各项技能开始打磨，同时，不断积累对未来获取杠杆化收入有帮助的成果，最终获得杠杆化的收入。

· 第二节 ·
你的收入模式可以这样升级

从E象限的雇员，到S象限的自由职业者（本书中特指像培训师这样能够在销售端获得时间与空间维度杠杆化收入的人），再到B象限的企业家，在杠杆的利用方式上呈现出逐渐升级的趋势（见图3-6）：E象限的绝大多数雇员，在收入环节上，难以获得时间和空间上的杠杆；S象限的自由职业者，在销售端可以获得时间和空间上的杠杆；B象限的企业家，在生产端和销售端均可以获得时间和空间上的杠杆。

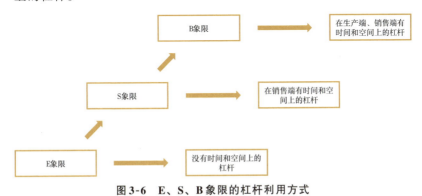

图3-6　E、S、B象限的杠杆利用方式

其实，仔细琢磨就会发现，E、S、B象限之间不仅仅在收入模式的杠杆化利用方式上存在着差异，在知识与能力的要求、做事效率的要求，以及竞争强度等方面也存在差异——不仅要创造产品，还要在激烈的市场竞争中占据一席之地。相对E象限的雇员，这显然给S象限的自由职业者和B象限的企业家在知识、能力、做事的效率等方面提出了更高的要求。在我看来，这诸多方面的高要求是社会上的绝大多数人止步于E象限的很重要的原因之一。

当然，我这么说并不意味着S、B象限就比E象限更好，B象限就比S象限更好，其实三个象限之间并不存在绝对的好坏之分。倘若目前处在E象限的你，对自己工作的环境、收入等方面都比较满意，也完全可以一直"守"在E象限。只是你要意识到，在快速发展的当今社会，"守"并不意味着原地踏步，而是与社会发展的速度同步，甚至更快。但要想获得不一样的生活体验，通过自身的努力，做出更多的成果，在向更多人提供自己价值的过程中获得更高的收入，也可以从E象限逐渐过渡到S象限乃至B象限。

说到这里，进一步想强调的是，作为普通人的我们要时刻意识到，除了销售等少数岗位之外，E象限的绝大多数雇员在时间和空间维度上存在收入的天花板，所以建议你至少要尝试赚取S象限的收入，毕竟S象限在销售端上仍可实现时间和空间上的杠杆化，理论上是没有天花板的，这也是最近几年来那么多的人进入自媒体的很重要的原因。

与E、S、B象限的收入模式相比较，I象限的收入模式表现出它的独立性，以及与其他象限的兼容性。E、S、B象限是职场中不同的人生商业模式的体现，而I象限是一个人的认知在投资理财领域中的变现；处在E、S、B象限的人在与同事、客户等人交流的过程中创造价值、获取收入，而I象限的人则主要依靠自身的投资理财知识,更多的时候需要独立思考;与一个人不太可能在同一时间段和同一空间既充当E象限的雇员,又充当S象限的自由职业者或B象限的企业家不同,由于I象限是通过把自己的投资理财知识"投射"到钱上来获取收入,因此I象限与E、S、B象限中的任何一个象限都可以兼容,即一个人可以采取"E+I""S+I",以及"B+I"模式中的任何一个。

更为重要的是,若树立正确的投资理念并长期践行下去,我们普通人也可实现财富的复利式增长。因此,工作收入和I象限投资收入呈现的特点是:在所积累的资金量还不够多的时候,工作收入会高于投资收入;随着资金量的增加,投资收入逐渐上涨,最终超过工作收入。

从另一个角度来说,在我们的收入并不高的时候,尤其是在短时间内无法升级到S象限的时候,需要钱与我们一起工作,两条线一起赚钱,一起积累财富;假以时日,积累到一定的财富值的时候,让钱完全替我们工作,从而让我们在时间和空间上获得自由。

因此,无论现在的你处于E、S、B中的哪个象限,要想积累更多的财富,并最终实现财务自由,首先要参与I象限。也就是说,假如你目前在E象限,首先要做的并不是从E象限升级到S象限或B象限,而是先进入I象限,即采取"E+I"的收入模式,(见图3-7)。

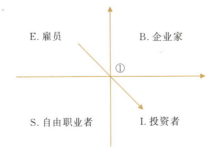

图3-7 从E象限到"E+I"象限的升级

关于I象限投资理财部分的知识,我会在本书的第五至第七章中进行介绍。那么,一个人要如何从E象限的雇员开始,实现人生商业模式的升级呢?

◇

在介绍如何升级人生商业模式之前,我们再次回顾一下个人复利成长曲线(见图3-1)。

那么,个人复利成长曲线与E、S、B象限之间可能存在怎样的关系呢?进一步说,它会对我们未来的努力带来怎样的指导意义呢?

当我把个人复利成长曲线与E、S、B象限联系起来一并思考的时候,得到了图3-8所示的关系图。

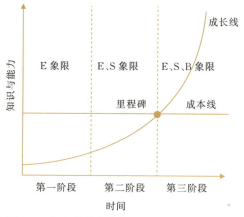

图3-8　个人成长曲线与E、S、B象限的关系

我们可以把个人成长大致分为三个阶段:

第一阶段,所从事行业的专业知识储备并不多,包括能够展现专业知识的写作、演讲、设计等能力在内的综合能力也不强,处在这个阶段的大部分人暂时只能待在E象限,大概率无法赚到大钱;

第二阶段,在自己所从事的专业领域已经积累了较长的时间,形成了自己的专业知识体系,与此同时,用自己的专业知识能够创造出

可服务于很多人的产品，较强的综合能力让其不仅可以在E象限获得高于其他雇员的收入，还可以进入S象限，在销售端打破时间与空间上的限制，获得杠杆化的收入；

第三阶段，在自己所从事的专业领域积累了很长的时间，并且通过产品、法律、人事、财务等不同要素的组合创建出企业这样的系统，能够带领很多人创造出满足市场需求的产品，具备这种能力的人可选择E、S、B象限中的任何一个，即便在E象限，也由于能够提供远大于其他雇员的价值而获得较高的工作收入。

说得更直接一点，一个人的知识和能力的成长过程，就是不断提高未来赚钱潜力的过程。为什么说是提高潜力的过程，而不是提高收入的过程呢？因为要实现知识和能力的变现，还要通过知识和能力创造出产品，并在市场中销售出去，最终在此过程中获得收入。

所以，一个人从E象限升级到S象限乃至B象限的过程，不仅仅是积累知识和不断打磨各种能力的过程，而且还是在不断实践中赚钱的过程。说白了，就是围绕人生商业模式中的三要素不断学习、实践、夯实的过程。

在职场当中，当我们的知识储备不够，各项能力不成熟的时候，显然无法独立完成一个挣钱的项目，即只能充当E象限的雇员，依附于单位、部门或团队生存。在看似一样的雇员当中也有强弱之分，具备较强的能力、责任心，以及丰富经验的雇员在共同做事情的过程中能够起到更为重要的作用，从而获得更高的工资收入和奖金收入。

从E象限进入S象限，通常会有两种情况：第一种情况，目前在单位所从事的工作与未来在S象限拟要从事的工作有较强的专业相关性，例如你目前在母婴行业工作，未来你也想在S象限从事母婴行业的工作；第二种情况，目前在单位所从事的工作与未来在S象限拟要从事的工作的专业相关性不大，例如一些人在单位从事人事管理的工作，回到家想从事写作行业的培训工作。

不同的情况下，进入S象限的路径也不尽相同。

第一种情况下，首先要做的是从一般的雇员逐渐成长为能够独当一面的雇员，即通过不断的学习，掌握在单位或部门工作中所需要的核心技能，从而承担更多重要的工作，这样不仅能获得更高的收入，还可以成为不可或缺之人。

其次，还要不断地阅读这个领域的专业书籍，学习这个领域高手的经验，在不断夯实专业知识的同时，构建该领域的知识体系。要知道，构建自己的知识体系是在S象限打造自己的个人品牌的基础。

再次，除了专业知识，还要加强在S象限需要用到的各项技能，包括写作能力、演讲能力、营销能力等。

最后，在一边工作一边学习的过程中，还要不断积累一些有价值的成果，例如项目的成果、专业资格证书等能够在未来的S象限中用到的成果，特别是长期会用到的成果，因为它们不仅能带来一定的影响力，还能在营销产品的过程中获得顾客的信任，从而实现价值的变现。

再看看第二种情况，其实现实中的很多人属于这种情况，包括曾经的我。那么，在进入S象限之前，需要做哪些准备呢？

第一，要确定未来在S象限拟要从事的行业，最好是细分的行业。关于如何选择适合自己的专业领域，很多书上都有介绍，例如选择自己喜欢的、擅长的、有市场需求的，等等。然而，在我看来，还有一个非常重要却被很多人忽视的要素——使命感。

所谓使命感，就是一个人对自我属性的寻找与实现，每个人都有天生属于自己且适合自己的那个角色。

马克思曾说："作为确定的人、现实的人，你就有规定，就有使命，就有任务，至于你是否意识到这一点，那都是无所谓的。这个任务是由于你的需要及其与现存世界的联系而产生的。"使命是客观存在的，不以人的意志为转移，无论你是否愿意接受，无论你是否意识到，是否感觉到它的存在，这种使命伴随人的出生而降临到每个人身上。

说得更简单一点，使命感就是一个人来到世界上时已规定好的需要承担的责任。然而，非常遗憾的是，包括曾经的我在内的很多人不仅意识不到自己的使命，甚至不知道自己应该有使命。

所以，作为读者的你，如果还没有找到未来努力的方向，可尝试在自己过往的经历中寻找，尤其是曾经让你痛苦不已的经历。你过去的痛，或许很多人还在经历着，你要做的就是通过你的专业知识，帮助与过去的你一样痛苦的人们。

找到了自己的人生使命，你会在接下来的学习和工作中，带着更大的动力、长久地走下去。

第二，如果能在所在城市找到与自己的使命感相关的专业领域的工作，那是最为理想的，就像第一种情况一样，一边赚钱，一边快速成长，采取"并联"的方式；如果自己所在的城市没有相关领域的单位，则要采取"串联"的方式，白天在单位工作，下班时间为未来储备知识与技能。

第三，其实工作与工作之间不会是完全不相干的，即使你未来在S象限想从事的专业与现单位的专业领域不同，但总有一些需要的技能是一样的，你要做的就是找到这样的共同点，然后不断加强。除此之外，类似战略性的思维，不管在S象限，还是在单位都是相通的。所以，把这些学到的知识与技能应用到单位工作中，一方面为未来S象限的事业做准备，另一方面不断夯实自己在单位的地位，争取起到"并联"的作用。

具备了较强的专业知识，打造了自己的知识体系，也具备了展现自己专业知识的技能之后,我们再看看从一个象限如何过渡到另一个象限。

被誉为"管理哲学之父"的查尔斯·汉迪在《第二曲线:跨越"S型曲线"的二次增长》一书中提道:"任何一条增长的S曲线,都会滑过抛物线的顶点(极限点),持续增长的秘密是在第一条曲线消失之前,开始一条新的S曲线。此时,时间、资源和动力都足以使新曲线度过它起初的探索挣扎的过程。"为了便于区分和理解,下面将前一条S曲线称为"第一曲线",而将新的S曲线称为"第二曲线"。

S曲线的应用范围极广,几乎可以将它代入一切事物发展的周期当中,也包括个人的职业生涯和人生发展(见图3-9)。

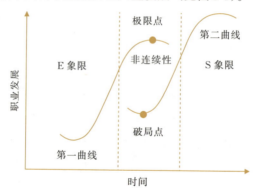

图3-9 职业生涯的非连续性

如图3-9所示,一个人的职场变化存在两种模式:连续性与非连续性。

连续性意味着在原来的E象限做得越来越好,非连续性意味着从E象限进入S象限。

一个人在E象限不断地、正确地努力时,会变得越来越好,包括在知识、能力、技术上,然而在E象限会遇到一定的"极限点",收入无法再提高太多,价值的体现也会有限;如果想进一步提高收入、快速成长,就需要从E象限逐渐过渡到S象限,在新的平台发挥出自己在E象限所储备的知识、能力等。

如果你的专业技能，以及用来展示专业技能的其他技能还未达到能够进入S象限的程度，你能做的就是与时间做朋友，耐心地打磨各项技能，积累对你的职业生涯长期有效的成果。随着你各项技能的不断增强，你在E象限——具体来说就是在你所在的单位或部门——中的地位以及你的收入会不断上升。

然而，对绝大多数人来说，只要一直还在原来的岗位上从事E象限性质的工作，就早晚会遇到极限点。就以我所在的科研单位为例，很多人的职称、职务、收入达到一定层次之后，很多年都没有发生过太大的变化，甚至有些人开始走下坡路。就像图3-9所示的那样，在第一曲线（位于E象限）达到极限点之后，开始出现下降的趋势。

如果你不甘心于此，想用自身的价值给更多的人服务，并获得更高的收入，唯有开辟新的战场，走向第二曲线（S象限）。

可以想象一下，在当今移动互联网时代成功打造出个人品牌的那些大咖，他们在利用各种平台把自己的专业知识体系的内容传播给更多人的过程中，收获了他们想要的一切，包括金钱、自我价值体现、社会认可，以及为此奋斗过程中体验到的那种幸福和快乐。

当然，我们不能只看到他们的收获，还要意识到他们为此付出的持之以恒的努力。

通过对图3-9中非连续性区间的观察，我们能够看出绝大多数人进入S象限的不易：第二曲线的开始端与第一曲线末尾端的相对位置告诉我们，尽管在理论层面上S象限的未来非常令人向往，但是在S象限刚刚起步的时候，远没有第一曲线的"极限点"收入高、有地位；第二曲线"破局点"的位置，决定了要在S象限获得成功，一定会面临最为难熬的一段时间，只有熬过去，冲破了"破局点"，才能迎来更为广阔的、不断上升的事业发展路线。

就像在自然界普遍都存在"二八定律"一样，"闯入"S象限的

人群最终也会符合"二八定律"——只有少数人会在S象限有所成就。

进一步观察第一曲线的"极限点"与第二曲线的"破局点"的位置,我们会明白,为了更为稳妥地进入S象限,提高成功率,我们应该在E象限做专业知识和各项技能的储备;在E象限到达"极限点"之前,就开启S象限的一些工作(这个时候可以理解为副业),感受S象限的工作性质,然后逐渐加大投入,让第二曲线的"破局点"比第一曲线的"极限点"早些到来;在冲破"破局点"之前,我们要兼顾E象限和S象限的角色,等到冲破了"破局点",再离开E象限,正式进入S象限。

从E象限到S象限不会太容易,需要学习的东西很多,需要克服的困难也很多,但只要按照正确的方法走下去,我们就有望成为少数的胜者。

· 第三节 ·

掌握这4项能力,让你赚到更多的钱

从2016年年底开始,随着对个人成长、财商等领域学习的深入,我逐渐意识到在我想掌握的诸多能力当中,有四项能力是尤为重要的,分别是写作能力、演讲能力、营销能力、学习能力。无论现在或未来,无论你处在E、S、B象限中的哪一个象限,从事怎样的工作,这四项能力都非常重要。说得更直接一点,这是作为普通人的我们为了赚大钱,甚至是实现人生的逆袭必须掌握的能力。

就像前文中提到的那样,财富世界是概率的世界,这四项能力掌握得越多、掌握得越游刃有余,我们离财富大厦就越近。

写作与演讲在很多方面存在相通性。所以，我把这两种能力在E象限、S象限中的重要性放在一起讲。

绝大多数职场人士在学习知识和能力的时候，不自觉地把关注点放在了与自己的工作岗位相关的专业知识和专业能力上。

毋庸置疑，专业知识和能力非常重要，是做好本职工作很重要的前提，然而，仔细琢磨就会发现，尽管人们从事不同领域、不同岗位的工作，但都离不开一些基础性的能力，也就是说，几乎所有的工作都需要专业能力与其他基础性能力结合才能完成。很显然，为了做好本职工作，我们除了要掌握专业知识、打磨专业技能之外，还要加强工作中所需要的其他基础性能力。

在很多工作岗位需要的基础性能力当中，写作能力与演讲能力尤为特殊。你有没有发现，职场当中，在专业能力相差无几的情况下，具备出色的写作能力或演讲能力，或者兼具这两种能力的人，往往更容易把握展现自己价值的机会，从而步步高升。

如果我们把人脑比喻成电脑，那么写作能力与演讲能力就如同电脑的显示器和音响。试想一下，一台电脑的内存储存的东西再多，若没有合格的显示器和音响，怎么可能把储存的内容完完整整地展现出来呢？从这个角度来说，当一个人无法通过写作或演讲的形式充分展现自己专业能力的时候，岂不是白白浪费了自己所掌握的专业能力？

反过来说，具备出色的写作能力或演讲能力的人，就能够充分地展示出自己的专业能力和工作成果。就因为如此，他们往往能够得到更多的展示机会，从而得到领导和同事们的认可，如此形成良性循环，他们逐渐提升在部门、单位乃至业内的影响力，事业之路走得越来越顺。

我们再结合双S曲线理论，分析一下写作和演讲能力如何在E象限、S象限起作用(见图3-10)。

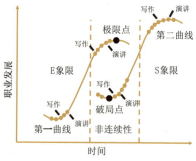

图3-10　写作、演讲能力在E、S象限中起到的作用

第一曲线里的点，代表在E象限从事某一岗位工作的时候使用到的专业能力与一些基础的能力。就像图中显示的那样，在E象限里刚开始工作的时候，绝大多数人处在第一曲线中的较低位置，这意味着一个人包括专业能力在内的综合能力、在单位展现出来的价值、业内的影响力都不够强。

随着时间的推移，当一个人的综合能力逐渐提升的时候，其在单位展现出来的价值、业内的影响力也逐渐增大。然而，当一个人一直处在E象限，即便其有较强的专业能力，如果不能通过写作或演讲能力冲破平台所限，最终也会面临极限点。你想想看，对绝大多数的雇员来说，若一直在同一个平台从事重复性工作，他们是不是可以通过对身边"老同志"的观察，看见自己的未来呢？

然而，随着最近十年从PC互联网时代进入移动互联网时代，我们所处的生存环境、生存模式发生了巨大的变化，这就是图3-11中所示的"非连续性"。相比PC互联网时代，在移动互联网时代人与人之间的联系更为紧密。这种非连续性变化，就为很多具备一定专业能力并能够展现专业能力的人创造了放大自己价值的机会，使他们逐渐成为极具影响力的行业大咖。

其实,很多大咖在移动互联网时代到来之前,已经在所从事的专业领域积累了大量专业知识,同时也具备了包括写作与演讲能力在内的各种基础性能力。正因为如此,在移动互联网时代,大咖们才能够利用各种知识付费平台、公众号、视频号等,通过写作和演讲的方式,一边展现自己的专业知识,一边不断扩大自己的影响力,从而赚到了很多钱。

说到这里,我们再仔细看看图3-10中的第二曲线——S象限的曲线。在S象限下端有一个"破局点",意味着一开始进入S象限的时候并不容易,因为相比起E象限,此时不仅需要掌握的技能更多、更难(第一曲线、第二曲线中的小圆点代表写作、演讲能力在内的各种技能),而且所面临的竞争也更加激烈。但一旦跨越了"破局点",逐渐进入上升的轨道,早晚会超越原来E象限的极限点,意味着比雇员赚得更多,机会更多。就像财商领域常说的一句话那样——越有价值的路开始都很难,然而越往后会越来越容易。

其实,移动互联网时代也细分成了不同的时代,例如App知识付费时代、公众号时代、视频号时代等。有没有发现,当一个人不具备写作、演讲能力的时候,即便他有出色的专业能力,也很难抓住时代的红利?换句话说,当我们只重视专业能力,忽视写作和演讲能力的时候,各种红利就跟自己没有关系。

我们常听说一句话——机会是留给有准备的人的。从这个角度来说,若我们想要抓住未来任何时代的红利,不仅要不断迭代自己的专业技能,还要早早地掌握写作能力和演讲能力。

得到App创始人罗振宇曾说:"未来社会最重要的资产是影响力。影响力是怎么构成的呢?两个能力——一是写作,二是演讲。这都是让你出一份力,然后能够大规模地复制你影响力的方法。"

可以说，不管未来时代如何变化，写作和演讲都是抓住时代红利必备的武器。

———————— ◇ ————————

意识到写作能力和演讲能力的重要性之后，我分别从2019年上半年、2020年上半年，开启了写作与演讲的学习之路。别看我学生时代的学习成绩尚可，但是写作和演讲对我来说，一直都像不可逾越的大山。这也不难理解，由于我从小学到高中一直在朝鲜族学校上学，主要讲的是朝鲜语，所以我的汉语词汇量有限，普通话水平也差了很多。

然而，经过两三年的学习，我的写作能力、演讲能力有了较大的进步。比如，在正式学习写作之前，我在两周的时间内都写不出1000字的文章，而现在的我，只要保持专注，一天就能够写出5000字左右的文章；以前的我，面对超过3人讲话就会浑身发抖、满脸通红、语无伦次，从未享受过当众讲话的过程，而现在的我，在任何场合都可以自信满满、稳稳当当地当众讲话，而且很享受这个过程。

当然，尽管我在写作和演讲方面都有了较大的进步，但我还要继续努力。我想说的是，像我这种语言基础极差的人，都可以通过刻意练习提高写作与演讲能力，相信任何人都可以通过学习掌握这两项极为重要的能力。

先说说写作。

很多人认为写作能力的强弱与天赋有关，有天赋就可以写得好、写得多，没有天赋就写得不好、写不出来太多内容。的确，在任何一个领域都有一些天赋异禀的人，就像有些人听两遍歌曲就能唱出来，有些人天生就对数据特别敏感一样，在写作领域肯定也有天赋绝佳的人。

老实说，我曾经也以为自己在写作方面的天赋是极差的，从未想过、也不敢想有一天还可以出一本书。好在随着各种学习的深入，逐渐培养出成长型思维的我，相信任何知识和能力都可以通过正确的方法来掌握。回想我自己学习写作的经历，我认为很多人写不好的原因在于知识储备不足、思考质量不高以及没有找到自己的写作风格。

第一，知识储备不足，意味着大脑里有价值的概念少，概念与概念之间无法产生深度的连接。学习的过程，其实就是正确理解概念及其使用方法的过程。当我们对某个概念不清楚，也不清楚概念与概念之间的联系的时候，自然写不出太多的内容来。

所以，能够不断写出高质量文章的人，一定是学习爱好者，他们在大脑里不断积累着正确的概念，并能够围绕一个概念进行深入的思考，不断地与其他概念产生连接，并按照一定的结构把思考的过程呈现出来。

在很多人的意识当中，围绕一个概念写出长篇大论是不可思议的事情。曾经，我看李笑来老师的《财富自由之路》这本书的时候，感叹于他的思考能力，心想一个人怎么会思考到这种程度呢？我怎么就想不到这些内容呢？

后来，为了提高思考能力，我阅读了《麻省理工深度思考法》《思考的艺术》《学会提问》等能够提高思维逻辑性和思考深度的书。如果你能够围绕一个概念从不同的角度进行深度思考，而且在提出每一个观点的时候，有充分的依据（理论、案例、名言等）支撑，那么这篇文章就是一篇好文章。

第二，没有找到自己的风格。很多人觉得只有辞藻华丽才能够写出好文章，但你要知道，文章有各种各样的类型，不同类型的文章要匹配合适的语言风格。比如写自然科学论文的时候，不适合使用华丽的文字。

因此，你只要用自己擅长的，同时匹配自己专业领域的写作风格去写即可，千万不要用自己不擅长的写作风格，去模仿别的作者，那

犹如看着别人的地图走自己的路,殊不知,这样只会离自己的写作风格越来越远。

说完写作,再说说演讲。过去的我,每次听到演讲高手的演讲、领导讲话以及一些同事沉着冷静地当众讲话的时候,就特别地羡慕,心想为什么人家就能讲得那么好。反观自己,每次当众讲话就满脸通红、语无伦次、缺乏自信,急于结束自己的讲话。毫不夸张地说,过去的我从来不享受当众讲话,能不讲话就不讲话,能推给别人就推给别人。

后来,经过不断地练习和琢磨,我终于找到了其中极为重要却不易被察觉的问题——很多人之所以无法自信满满地当众讲话,是因为没有找到自己,更为确切地说,是看到别人的光彩之后总想做别人而不是自己(从这个角度来说,与写作中存在的问题是一样的)。

当众讲话很重要的一点是一定要找到属于自己的节奏,并在讲话过程中始终稳住自己的节奏。即便一开始讲话时没有做到,也要把节奏重新拉回到最适合自己的节奏中,这一点非常重要。

当众讲话一旦偏离最适合自己的节奏,人就容易感到紧张,从而无法发挥自己的正常水平,长期下来,你就会以为是自己的语言天赋不足导致,容易形成恶性循环。按照自己的节奏当众讲话,我们更容易做到专注,从而快速进入心流(一种将个体注意力完全投注在某活动上的感觉,心流产生时,会有高度的兴奋及充实感)的状态。在这种状态下,我们逐渐收获信心,从而能够更加自如地发挥,甚至能够超常发挥。所以稳定的节奏是极为重要的,再紧张、再缺乏自信,也不能丢掉稳定的节奏,只要稳住节奏,我们就还有时间和机会重新找回自信和自如。

此外,还要特别强调的是,除了要"稳"之外,想尽办法让自己保持正能量(例如淡定、主动、喜悦等)的状态也很重要,这能够让你在当众讲话时发挥出正常甚至是超常的水平；反过来，如果你在当众讲话时充满负能量（例如恐惧、悲伤、冷淡、内疚等），极有可能连练习时候的水平都发挥不出来。能量层级如图3-11所示。

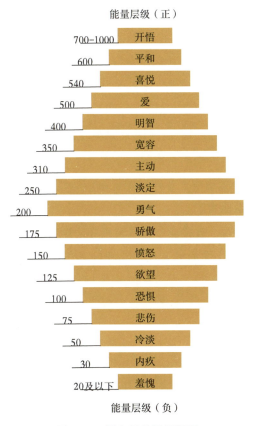

图 3-11　霍金斯能量层级图

总而言之，当众讲话需要在实战中积累经验，打磨能力。

现代社会的任何经济结构都离不开供给、连接和需求3个部分。

仔细想想，我们不断打磨专业能力、写作能力、演讲能力等，是不是为了创造更好的产品、提供更好的服务，以及更好地展示产品或服务呢？显然，这部分属于市场的供给端。

仅仅具备提供产品或服务的能力还不够，你还需要通过一定的平台找到需求端，才有可能把你的产品或服务销售出去，从而获得收入。

移动互联网时代的来临，就提供了远比 PC 互联网时代更容易触达需求端的可能性。但是，对很多人来说，创业之难在于不知道如何精准地找到可能用到你产品或服务的客户，以及如何顺利地卖给客户。如果说供给端需要的是你的专业能力、写作能力、演讲能力，那么通过各种平台触达潜在客户，把供给端的产品或服务卖给需求端，需要的则是营销能力。

只有供给端端、连接端、需求端很好地连成一体，才能形成完整的产业链，从而让你的第二曲线走出完整的"S"形，而不是只有"S"的下半身。

其实，我们可以从另一个角度了解一下营销能力的重要性以及营销的本质。

在这个充满竞争的社会，很多人意识到了知识的重要性，开始有越来越多的人进入终身学习的行列。在这些终身学习者当中，很多人经过多年的积累已经具备了创造出好产品、提供优质服务的能力，并为了售出产品或服务进行着各种努力，但能够大量成功售出的始终是少数人。为什么会这样呢？

从供给端、连接端、需求端的角度看，如果一个人只有供给端所需要的能力，却不具备通过连接端出售给需求端的能力即营销能力，那么之前付出的全是成本，不会产生利润。说得更直白一点，如果说财商是所有学科中离金钱的"物理距离"最近的学科，那么营销则是在产业链中与金钱的"物理距离"最近的能力。

其实,我们也感受得到,很多人通过出色的营销能力把各种产品或服务销售出去赚到了很多钱,即便很多产品不是自己创造的,服务也不是自己提供的。不仅如此,在企业或部门中能够把产品大量卖出去的雇员,往往也会获得更高的收益。

就因为如此,罗伯特·清崎在《富爸爸穷爸爸》系列丛书中不断强调营销能力的重要性,并提到像李嘉诚、比尔·盖茨、乔布斯等杰出的企业家都是从销售(与营销有区别,但相同点都是为了把东西卖出去)做起的,他们在此过程中培养了强大的营销能力,为未来的事业打下了基础。

那么,营销的本质是什么呢?我国著名的营销学者、清华大学经济管理学院教授李飞说过:"营销的本质是给客户一个购买的理由,并让目标客户知道。"看似简短的一句话,蕴含了很多的含义。

尽管都属于出售的范畴,但营销与很多人认知里的销售不同,销售是销售员主动寻找客户,并把产品的价值推荐给客户,以解决客户相应的问题,最后达成交易;营销是营业员选择一些渠道,通过一系列的流程,一步一步消除客户起初对产品的排斥、怀疑等感受,激发客户对产品的需要感,最终让客户主动购买。

总而言之,营销是一项业务成败的最后一个环节,是决定能否赚到钱的非常关键的因素,它的重要性不言而喻,不管未来我们处在哪个象限里工作,我们都需要花大量时间学习并不断加强营销能力。

前面讲了写作能力、演讲能力、营销能力的重要性,很多人想提高这些能力,也想提高自己所在行业或岗位所需要掌握的其他一些重要的能力。然而,有一项能力是所有你想掌握的能力的源头——学习能力，它的强弱直接影响着你掌握其他能力的深度、广度和速度，甚至可以说，影响着你的整个人生。所以，在未来的道路上，在学习任何知识或能力之前，你应该先学习如何学习。

回想自己在学生阶段以及进入职场后的学习经历，其实学习效果很少让自己满意，我也能够感受得到长期以来自己的成长速度极为缓慢，逐渐被大学同学和同事甩得越来越远。可怕的是长期以来，我从未意识到极为低效的学习方法是阻碍我快速成长的重要原因之一，我以为自己成长缓慢是自己的天赋不够、努力不够、意志力不够……

现在看来更为可怕的是，由于长期学习效率低下，我无法像学习高手那样享受高效学习的愉悦，以及学习带来的各种收获，自然而然导致我对学习这件事情始终缺乏一个正确的认知，以为学习就是苦差事，从而失去了学习的欲望，无形中形成了一个恶性循环。我想，现实中可能还有很多人处在学习的恶性循环中却不自知。

人们对学习的认知，有可能从老师、父母等长辈或爱读书的朋友那里获得，也有可能在自己阅读某些书时无意中获得。而我对学习的认知提升是从《富爸爸穷爸爸》系列丛书开始的，通过阅读它们，我第一次真正体会到了应试教育之外的学习带来的好处和改变，并从那时候起开启了终身学习之路。

又过了大约一年的时间，也就是逐渐从书本上获得乐趣、有了较强的学习热情和动力之后，我发现有读不完的书、记不完的信息，从而逐渐意识到为了提高未来的学习效率有必要先提高自己的学习能力，于是暂时放下了财商、投资理财等方面的书，转而去阅读了很多关于高效学习方面的书，例如斯科特·扬的《如何高效学习》、成甲的《好好学习》，以及桦泽紫苑的《学习的精进》等。

自从阅读了这些关于高效学习方面的书并按照书里提到的方法实践了之后，我才明白了长期以来自己学习效率低下的原因，也明白了曾经令我心生羡慕的各位高手的秘诀。

一旦你对学习有了正确的认知,并掌握了一套高效学习方法之后,你就会越学越起劲儿,意识到学习这件事情是快乐的,而不会再认为学习是苦差事,是只有天赋出众或意志力强的极少数人才能坚持下来的事。没有学习能力的人与学习能力强大的人的区别是,前者不知道自己"不知道",而后者知道自己"不知道"。显然,当一个人认识不到自己的不足的时候,他就很难有行动与改变,而只有当自己知道自己有所欠缺,而且知道自己欠缺的那部分非常重要的时候,才会迫不及待地学习欠缺的部分。这就是对学习的正确认知。

那么,我们到底应该如何学习呢?结合一些高效学习方面的书,以及最近几年自己的学习经历与思考,我简单总结了目前为止比较适合自己的学习方法。

我们不妨看看电脑如何工作,从电脑的特点中获得一些启发。完整的电脑包括输入设备、处理设备、输出设备。输入设备包括键盘、鼠标等;处理设备包括中央处理器、存储器等;输出设备包括显示器、打印机、音响等。任何信息只有通过输入、处理和输出三个环节之后,才会被完整地记录下来,而且有利于信息的修改和完善。

同样,一个完整、高效的学习流程也包括输入、处理、输出三个环节,三个环节缺一不可,形成一个闭环(见图3-12)。

一个人的学习效率不高,较大的可能性是这三个环节中的某些环节出了问题,甚至是缺少了某些环节。

图3-12 循环学习模式

既然完整的学习流程包括输入、处理、输出三个环节,那么我们不仅要保证自己的学习流程包括这三个环节,而且要尽量使每一个环节都高效,这才是理论上最为高效的学习方法。

一、输入环节

学习的输入环节主要包括阅读书籍、上课等方式。输入环节是一切学习的重中之重，没有输入环节，必然不会有处理环节和输出环节，输入环节的质量直接影响处理环节与输出环节。

那么，我们应该如何输入？输入什么呢？也就是说，我们应该阅读什么书籍？怎么阅读书籍？上哪些课程呢？

输入什么？要回答这个问题，我们首先要弄清楚知识的类型。知识的划分方法有很多种，按知识可交流人群的范围，以及拓展（迁移）的宽度和深度，可大致划分为专业知识、方法论知识和临界知识。

（1）专业知识。我们在高等教育阶段主要学习的是专业知识，例如建筑学、法学、环境学等。显然，我们每个人都需要具备某一领域的专业知识，它们是不可或缺的知识，也是我们在职场上赖以生存的最基本的知识。

在我看来，学习专业知识时很重要的一点是要构建自己的知识体系。如何构建自己的专业知识体系呢？

有多种途径可以构建我们的专业知识体系，例如可以通过阅读几本该领域经典的书，再学习一些该领域优质的课程，把自己的知识体系框架先建立起来，很多专业书和课程的目录，就可以作为该领域的知识体系。通过知识体系，我们可以很清楚地知道在这个专业领域我们擅长什么、不擅长什么，然后不断地加强薄弱的部分，终有一天，当你再跟这个领域的任何人交流时，都会显得胸有成竹。

这种构建专业知识体系的另一个好处是可以提高学习效率，当你需要加强某一个知识点的时候，无须从第一页开始阅读一本书，而是直接从讲述该知识点的章节开始阅读，若有需要，可以阅读与之相关的前后内容，再阅读其他章节。

包括曾经的我在内的很多人，阅读的时候喜欢从第一页开始阅读，结果是在已经掌握的内容上浪费了不少时间。网络上很多学习高手说自己一年内阅读了几十本、上百本书，其实你仔细琢磨他们的阅读方法，就会发现他们的阅读并不是从第一页开始一页一页地阅读，更不会是一个字一个字地阅读，而是根据自己的需求有针对性地阅读，如果把一本书中自己需要的部分读完了，就可以认为读完了这本书。

当然，在学习初期，未构建某一领域的知识体系之前，我们还是需要一个字一个字、一页一页地阅读。在构建了知识体系并积累一定量的知识之后，也可以像学习高手那样提高阅读量，不断地把一本书读薄。

需要强调的是，若我们只懂得阅读专业书籍（输入），不懂得处理与输出，也不懂得学习方法论知识和临界知识，那么我们理解专业知识的广度和深度都会受到很大的限制。（其实，很多专业知识里也包含了一些方法论知识与临界知识，但由于很多人缺少较为深入的思考、提炼、总结等处理环节，所以对这部分人来说，专业知识里面的一些方法论知识与临界知识也只能应用在该领域，这其实是一个非常大的损失。）

（2）方法论知识。阅读方法、写作方法等这类知识都属于方法论知识，其特点是有一定的通用性，习得之后可用在很多领域。例如习得阅读方法之后，可以高效地阅读各种领域的书籍；习得写作方法之后，可以应用于撰写不同领域、不同类型、不同要求的文章或报告。显然，比起专业知识，方法论知识在一定程度上具备更强的知识拓展性。

不仅如此，在工作、生活的很多方面我们也能看到采取不同方法带来的差别。例如有些人虽然对待工作很积极，领导安排的事情立刻

去办，却从未思考过有没有更快更简便的方法；而有些人在接到新的任务时，总是先习惯性地思考有没有又好又快完成工作的方法，然后再动手去做。很多时候，我们以为是这些人很聪明，其实更有可能的是这些人的大脑里已添加了很多方法论。

我们要相信很多领域都有绝妙的方法论。因此，我们有必要在构建专业知识的基础上，继续学习各种方法论知识，并不断思考学到的方法论可应用在专业的哪些方面（这是知识处理的范畴），甚至是生活、个人成长，以及其他领域的哪些方面。久而久之，我们不仅可进一步加深和拓宽对专业知识的理解，而且可以与专业以外的人士进行更多领域的交流。

（3）临界知识，也叫思维模型、重要学科的重要理论、底层逻辑等。例如复利模型、冰山理论、能量守恒理论都属于这类知识，其最大的特点是具有极强的知识拓展性。掌握很多这种知识并灵活运用，不仅有助于提高我们对知识融会贯通的能力，更为重要的是可以提高我们分析、解决、预测问题的能力，在我看来它还是一个人体会知识之美、进入不可逆学习阶段的开始。

我们都知道巴菲特是世界著名的投资大师，而巴菲特却说："我以发射火箭的速度从猩猩进化到人类，是查理·芒格点化了我。"作为巴菲特的投资导师以及几十年的合伙人，查理·芒格到底做对了什么？汇集查理·芒格智慧箴言的《穷查理宝典》给出了答案——获取普世的智慧，并付诸实践。

查理·芒格所指的普世的智慧就是临界知识，查理·芒格曾说过："思维模型是你大脑中做决策的工具箱。你的工具箱越多，你就越能做出最正确的决策。"他还说过："在商界有条非常有用的古老原则，它分两步。第一，找到一个简单的、基本的道理；第二，非常严格地按照这个道理行事。"

查理·芒格所说的思维模型，以及简单的、基本的道理就是临界知识，他在几十年的投资生涯中严格地遵守了这几个原则（思维模型）：安全边际模型（买入股票的时候要便宜）；护城河模型（买入的股票一定具有不可替代性，也就是所买的企业在行业内具有垄断性）；非连续性模型（假设你拥有一家马车公司，突然之间社会上出现了汽车，这时候你应该意识到你的马车生意就要完蛋了）；能力圈模型（每个人都有自己的能力圈，一定要在自己所了解的行业、公司内进行股票投资）；最大或最小化模型（你的一生只有20次选择各种企业的机会，当你买完之后就再也没有投资的机会了，所以要谨慎地、高标准地选择企业，遇到极为便宜的机会时大量地买入）。

巴菲特与查理·芒格的投资之所以成功，或许有各种各样的原因，但不能否认的是他们找到了这些原则并严格地遵守它们。

显然，在任何一个领域，我们都应该不断地问自己在该领域内最重要的理论是什么，与此同时，要在自己的大脑里不断地植入这种临界知识，当你的大脑里植入了足够多这种知识的时候，就能够看到很多事物和事情的本质，从而在很多问题上做到高效地分析、预测和决策。

二、处理环节

学习的处理环节，包括理解、思考、提炼、总结等过程，这是一个极为重要的环节。

很多人在学习时，对处理环节不够重视。大家有没有发现在中学阶段很多搞题海战术的学生的学习成绩反而一般？那是因为这部分学生把更多的精力用在了解题上，解题的过程当然也是一个思考的过程，但缺乏对知识点的提炼、总结以及进一步的举一反三，当一个知识点换个题型出现时，这类学生就容易吃亏。而少数学习成绩好的学生,在这个处理环节上投入极大的精力,善于提炼、总结、举一反三,不断摸索各种出题的可能性。

同样,我们很多人学习效率不高的原因也在这里,他们在阅读时也在理解和思考,但这种理解和思考是比较浅显的,很少认真做提炼、总结、举一反三。

当我们学习每一个知识点时,要习惯于思考这个知识点是什么、不是什么、为什么重要、如何使用、这个知识点还可以用在什么地方等问题,只有思考了这些问题,我们对这个知识点才算有了较为全面的理解。

三、输出环节

输出部分包括教学、写作、践行等。美国学者、著名的学习专家爱德加·戴尔1946年提出了"学习金字塔"理论。以语言学习为例,学习者采用不同的学习方式,学习两个星期后还能记住的内容的比例从5%到90%不等(见图3-13)。

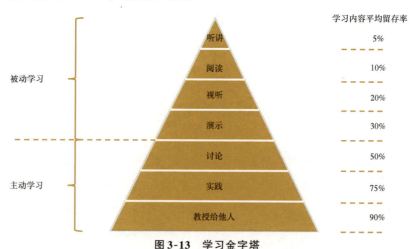

图3-13 学习金字塔

用耳朵听讲的方式，知识保留5%；用眼睛阅读的方式，知识保留10%；视听结合，知识保留20%；用演示的方式，知识保留30%；分组讨论，知识保留50%；练习实践，知识保留75%；教授给他人，知识保留90%。

将上面所述的输入、处理、输出部分的内容与这张图结合起来看，我们可以理解成"学习金字塔"越往下，就包含越多输入、处理、输出的内容；越往上，就越缺失处理与输出的内容。

特别想强调的是，写作（尽管在"学习金字塔"中未显示）、教学、实践都是学习的过程。在写作、教学、实践之前，我们需要大量的时间准备，并能在准备过程中发现之前掌握不牢的知识点，因为如果我们自己一知半解，就无法写明白、讲明白、做明白。另外，在写作、教学、实践过程中，我们还可以进一步发现和填补知识的漏洞，因此写作、教学、实践都可以提升我们的学习效果。

· 第四节 ·
想赚钱，要摒弃这2种思维、1种心理

本章的前三节介绍了赚大钱的底层逻辑，即找到一个自己喜欢、擅长且有发展前景的领域（最为理想的情况是，自己的使命感也可以在该领域内通过持续努力而得以践行）不断深耕，逐渐打造自己的个人品牌，在人与人之间的联系越来越紧密的大趋势下，在为更多的人提供价值（产品或服务）的过程中，赚取杠杆化收入。这种收入模式在一定程度上冲破了收入在时间与空间上的限制，至少不会像E象限的雇员那样，存在收入上的天花板。

尽管赚大钱的底层逻辑理解起来并不难，然而从现实的情况来

看，已经做到或者为了实现这种杠杆化收入模式而持续努力的人屈指可数。至少以我对周围的人的观察来看，很少有为了实现杠杆化收入模式而努力的人，甚至很少能看到每天抽出时间坚持学习的人。

那么，为什么会出现这种情况呢？更为确切地说，为什么绝大多数人没能践行这条财富之路呢？

其实，仔细琢磨就会明白，很多事情在做到之前还要经历3个阶段，即不知道"自己不知道"、知道"自己不知道"和"知道但未做到"（见图3-14）。

图3-14 "做到"之前要经历的各种阶段

首先，并不是所有的人都能知道"自己不知道"，就像我在接受财商教育之前的很长一段时间里，无论如何也想不明白自己跟那些赚大钱的人之间在赚钱方面到底存在哪些差异，甚至都不知道还有"收入模式"这样一个概念存在。

按理说，如果一个人知道了"自己的不知道"，他就有可能通过阅读、咨询等方式寻求答案。然而，现实的情况是，大部分人离开校园之后很少主动去学习，同时不太容易遇到一个主动引导你的人，所以他们自始至终也没有发现自己的"不知道"。因此，知道"自己不知道"本身就不是一件很容易的事情，在这个点上就"过滤"掉了一大批人。

其次，即便一个人通过各种途径知道了"自己的不知道"，也未必想把那个"不知道"变成"知道"，因为在很多人的认知里学习是个苦差事，如果没有什么大的刺激，就不愿意投入大量的时间、精力去学习自己学了也未必能学会并去实践的知识。因此，在这个点上又"过滤"掉了一批人。

最后，即便知道了那个"知道"，还是有很多人未必能把那个"知道"最终变成"做到"，因为在"知道"与"做到"之间，还有很长的一段距离要走，除了一部分人会安于"知道"的现状之外，还有一个非常重要的原因是，在追求杠杆化收入的过程中会面临各种各样的困难，人们在这样的困难面前一个个倒下去。

关于努力、困难的话题，我们可以通过在高中化学中学过的化学反应进程机理（见图3-15）来解释人们在一些事情上无法坚持下去的原因。

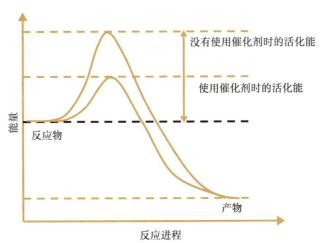

图3-15 化学反应进程机理图

如果你仔细回忆一下各种化学实验，会有这样的印象，有些化学反应进行得很快，而有些化学反应进行得很慢，甚至根本进行不下去。要了解化学反应是否能够进行下去，不能不提三个重要的概念——反应体系的能量、活化能、催化剂（酶）。

当反应体系的自带能量大于活化能（一个化学反应发生所需要的最小能量，反映化学反应发生的难易程度）时，其化学反应能够自发地、较为顺利地进行下去；反之，当反应体系的自带能量小于活化能时，其化学反应的进程会非常慢，甚至根本进行不下去。

对于活化能大于反应体系自带能量的化学反应，为了能够让化学反应进行下去，人们采取了三种比较常见的方法：第一，加热，给反应体系增加能量；第二，加压，提高反应物分子之间碰撞的概率；第三，添加催化剂，降低化学反应的活化能。

这么多化学反应进程机理告诉我们一个什么道理呢？对我们的持续努力又有什么启迪呢？

简单来说，一个人能否持续努力下去，取决于这个人的动力与压力（当然，就像化学反应体系不可无限度地加压一样，人们的压力也要控制在个体能够承受的范围之内）之和与各种困难之间的关系。当一个人的动力与压力之和大于各种困难之和的时候，能够持续努力下去；当一个人的动力与压力之和小于各种困难之和的时候，就难以持续努力下去。

至此，要持续努力的人应采取的策略就很明显了——在自己能够承受的范围内，时不时主动给自己增加一定的压力；想尽办法，不断挖掘内在动力和吸收外在的动力；更不能自己给自己制造困难。

也就是说，能否持续下去取决于动力、压力，以及困难三个要素。我所接触过的在持续学习和践行中成功打造了个人品牌的人，内心都充满了对成功的渴望，每一天都带着极大的热情"奔跑"着，然而，也有不少人被困难打倒，那他们都是被什么样的困难打倒的呢？

前文中提到过，一件事情的好坏不是取决于事情本身，而是取决于一个人如何认识这件事情。从这个角度来说,很多人无法持续努力下去的根源在于自己创造了认知困难。

显然,要持续努力下去,创造更多的财富,不仅要找到始终照亮我们内心的"灯",而且要摒弃那些影响我们前进的思维。

◇

在过去的几年,我时不时与周围的朋友,尤其是经常抱怨且从来不会从自己身上找原因的朋友分享复利成长曲线。我告诉这些朋友,他们之所以经常抱怨,是因为他们的认知、能力还处于复利曲线的A区域(见图3-1)。

在A区域的时候,你无法体现出高价值,也无法让人看到你的潜力。当你抱怨的时候,有没有想过总有一天能跳出这个区域,进入更高的区域呢?

当我拿出这个复利成长曲线的时候,有些人虽然认同这个曲线,但就是认定自己无法做到;也有些人是不认同的,这些不认同的人还分为两类,一类是认为自己年龄大了,不会有上升的空间,这样回答的是一位年长的人,因为身体原因力不从心,我能够理解;另一类是认为一个人的知识、能力是相对固定的,不可能以这种复利方式增长,并举了当年与自己同一个宿舍的高中同学的例子,说人家都不怎么努力就轻轻松松考上了清华大学,可见,这件事影响了他的认知。

显然,我的这位朋友犯了一个人们容易犯的以偏概全的错误,忘却了自己当年通过刻苦的努力才考上一所985大学的事实,更是忘却了无数学生为了考上自己理想的大学而努力拼搏的事实。

世界上总有例外,但我们不能以"例外"看待世界、总结世界,更不能抱有自己会是那个"例外"的幻想。要看清事物的本质,一定要通过大数据或更大的尺度来看。

北京大学"全国高校毕业生就业状况调查"课题组，从2021年6月起对东、中、西部地区19个省份34所高校的2万多名毕业生进行了问卷调查，结果显示：2021年博士、硕士、本科、专科毕业生的月起薪算数平均值分别为14823元、10113元、5825元、3910元。

从调查结果可以看出，对大多数人来说，学历越高、专业知识掌握得越深入，获得高收入的概率越大。我们不能因为其中一位专科生的收入高于某一位博士生的收入，就否定学历对收入的影响。

话说回来，仔细观察你就会发现，大多数不爱学习的人会一直不学习，而那些爱学习的少数人会一直学下去。也就是说，除非有什么意外打破了原有的惯性，否则人们会保持自己的习惯。

那么，这两种人有什么思维上的差异呢？

很重要的原因在于，爱学习的人具有成长型思维，不仅在学习中尝到了甜头，而且在不断学习的过程中保持"爬阶梯"的状态。这种成长型思维带来的好处就是，即便一个人目前处在复利成长曲线的B区域，其知识和认知只能"看到"C区域，无法"望到"D区域，但是他相信通过自己长期的积累，能够到达C、D区域。这就是所谓的"因为相信，所以看到"，他们相信任何一个领域的知识、技能，包括认知、财富，都可以通过学习获得。

就像查理·芒格所说的"在我所认识的成功人士中，没有一个是不爱学习的""如果你想获得某样东西，那就让自己配得上它"，当你尝到了学习带给你的甜头后，当你相信总有一天一定能够到达C、D区域乃至更高区域的时候，当你相信只有努力才能改变命运的时候，你对学习的态度一定会有所变化。

与成长型思维相对应的是固定型思维，就像曾经的我，以为写作能力、演讲能力，甚至赚钱能力都是天生的。有这种思维的结果就是我很少带着自信、热情去学习，因为在潜意识里认为学了也没多大用,又或者学了一段时间,发现自己没有太大的进步,然后进一步确定自己之前的想法是对的,从而进一步巩固自己的固定型思维。

一个是越学习,越成长,越爱学习,越快成长;另一个是短暂地学习,没成长,确认没用,放弃成长。

比起不学习,更可怕的是什么呢?是心中没有希望,在抱怨中等待施舍,甚至不断边缘化直到最终被淘汰。

说到这里,我想还是有很多人会有这样的疑问:一个人的成长真的能遵循复利曲线吗?

我们来看看这样一个式子——$(1+1\%)^{365}=37.78$。我们在很多书和各种平台的文章中能看到用它来鼓励人们每天坚持学习、保持成长。

我至今还清晰地记得,2015年的夏天,当我第一次看到这个式子时候的内心感受:它就是一碗"鸡汤",一个人怎么可能每天都进步1%呢?

又过了3年,已经走过一段学习之路的我再次看到这个式子时,有了跟第一次截然不同的感受,同时我也意识到,这个式子里的关键不是1%,也不是那个37.78,而是式子想表达的复利思维和复利式成长。

那么,复利的本质是什么呢?是连续性,是累积。第二天是在第一天的基础上成长的,第三天是在第二天的基础上成长的,依此类推,往后每一天的成长,都是在之前所有努力的基础上成长起来的。

举个简单的例子,有两个人分别是小张和小李,小张之前学过如何高效地学习,而小李没有学过。两个人在不同的学习能力基础上,同时学习如何高效利用时间,学习收获会有所差异;进一步,两个人在不同的学习能力和时间利用效率的基础上,同时学习如何提高注意力,学习收获依然会有差异;更进一步,两个人在不同的学习能力、

时间利用效率、专注力的基础上，同时学习新知识或新技能，学习收获必定会有差异……这就是复利的力量，过去的积累对当下的帮助会让你成长得越来越快。

所以，千万不要让固定型思维阻碍你未来的任何可能性。

无论是复利成长曲线，还是职业生涯的非连续性曲线，都注定了一个人的知识、能力，以及职场上各种身份的转变都不会一蹴而就。这意味着一旦你选择了这条路，很多时候在其他人停下来休息的时候，你可能还要继续学习、继续工作。

然而，人的天性决定了人人都希望一步到位，不仅是知识和能力上的一步到位，也包括财富上的一步到位，这就导致只有少数人愿意尝试走这条路，而且走着走着，又有不少人在中途选择了放弃。

仔细琢磨就会明白，这种"一步到位"思维导致的结果是身心分离，你的心"看"到的是远处，但你的知识、能力还没有到达那里，这容易令人焦虑。当一个人感到焦虑的时候，是无法静下心来学习、做事的，而且容易在慌乱中自暴自弃、半途而废。

除了人天性追求一步到位的原因之外，当今社会激烈的竞争环境也会使人们感到焦虑。对选择追逐复利成长曲线和职业生涯非连续性曲线的人来说，会经常看到走在自己前面的牛人，也会看到在后面紧追不舍的新人，在"两面夹击"下容易产生焦虑，乱了分寸，形成恶性循环。

对选择了这条路但容易感到焦虑的人，我想说以下几点。

第一，我们应该在低维度上适当感到焦虑，在高维度上感到幸福。古希腊著名的哲学家、思想家、教育家苏格拉底曾说过："世界上最快乐的事，莫过于为理想而奋斗。"与大多数人过着稳定的生活不同，你在通过不断的折腾追求真正的稳定和自己的梦想，这难道不是很幸福的事情吗？

既然在这条狭窄且充满竞争的道路上本就少有人为我们鼓掌、呐喊助威，那为什么自己还要跟自己过不去呢？在这个世界上，你应该成为你自己最大的支柱，一定要多接纳自己、肯定自己啊！

第二，在努力的过程中，我们也要认清一些事实。以当今移动互联网时代的大V为例，他们的成功看似偶然，但实际上他们在移动互联网时代来临之前就付出了很多我们看不到的、难以想象的努力。大V们尚且如此，凭什么我们的一点努力就要看到立竿见影的效果呢？

所以，在走上这条路之前，我们要摒弃"一步到位"的思维，建立多步思维——把自己远大的目标分成几个小目标，一步一步去实现，千万不要走着走着被别人的目标所影响，因为那是别人的目标，不是你的目标。

前面提到过，对誓要走这条路的人来说，大脑里至少要植入两条曲线——复利成长曲线、职业生涯非连续性曲线。

追逐复利成长曲线，是为了让自己的知识、能力、认知等快速成长起来，不仅让自己活得越来越明白，还要为未来体现自己的价值、获得更多的财富打下坚实的基础。

职业生涯非连续性曲线，指导我们职业生涯战略上的选择，即什么时候应该做什么事情。

如果说复利成长曲线要求我们耐得住寂寞，一步一步攻克知识、能力、认知上的难关，那么职业生涯非连续性曲线则要求我们克服恐惧。

完整的产业链包括供给端、连接端，以及需求端。供给端要求我们利用我们的知识、能力等创造出在市场上具有一定竞争力的产品，这对已经践行若干年复利成长曲线的人来说并不是什么难事。

连接端和需求端要求我们在一些平台与市场中的客户以各种形式打交道，例如演讲、营销等。

也就是说，追逐复利成长曲线与职业生涯非连续性曲线的区别之一就是，前者需要我们把更多的注意力放在自己的成长上，做好自己，不需要过多地关注别人，而后者要求我们不仅要关注自己，更要关注市场的需求，对我们提出了更高的要求。

然而，人的身体里深深刻入了被他人关注时会感到恐惧的基因。想想有多少人害怕当众讲话呢？1974年11月，《伦敦时报》就"人类害怕的事"对读者进行了一项问卷调查，在这个调查中，数据统计死亡只排在第二位，排在第一位的竟然是"当众讲话"！

所以，如果你在与市场中的很多人打交道时感到恐惧，是再正常不过的反应，没必要责怪自己、否定自己，但这并不意味着可以任由恐惧影响我们开展事业。

在恐惧的问题上，我有以下几点看法。

第一，现在很多人对当众讲话感到恐惧的根源在于害怕在众人面前出丑，被人笑话。其实，你多虑了，没有谁会像关注自己一样关注别人，客户只关心你对他们有什么价值。再说了，当你看到别人在直播间讲话、营销，或者展示自己价值的时候，你会因为他不稳定的状态而取笑他，还是会因为他在如此状态下仍然坚持而心生钦佩呢？

第二，没有一个人在一生之中只有成功和完美，我们的演讲、营销也不会每次都那么成功。你要意识到，我们的能力，尤其是与人直接打交道的能力，是需要在实践的过程中练出来的。也就是说，不是一开始就做得那么好，而是在做的过程中变得越来越好，越来越认可自己、爱上自己,从而形成做事—肯定自己—做更大的事—进一步肯定自己的良性循环,反之则容易形成永远迈不出去、原地踏步的恶性循环。

第三,走进市场,一开始会很难,但只要坚持下去,克服最难的"破局点",后面一定会越来越容易。就像罗伯特·清崎在《富爸爸财富大趋势》里所提到的那样:"容易走的路,越走越难;而艰难的路,会越走越容易。"逃避很容易,但我们的生活会越来越难;直面恐惧很难,但是我们的生活会越来越好。

所以,要走出一条不同寻常的路,必须克服恐惧心理。我特别喜欢周文强老师在他的财商课上所讲的一句话:"杀死你内心的恐惧,你将变得无所不能。"

第四章

如何守住你的钱？

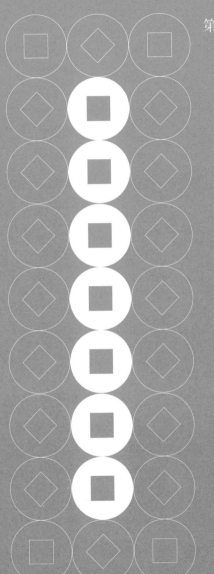

· 第一节 ·

想省钱，先建立这2种思维

有一次我在网上看到了这样一段内容，正在择偶的一个女生首先介绍了自己的一些基本情况（对此部分内容作者稍有改动）：26岁，身高161厘米，颜值9分（自己给自己打的分），本科学历，小学老师，父母做小生意等。然后，她罗列出了三个候选男生（就称为A男、B男、C男吧）的基本情况，征求网友们的意见。

A男：29岁，身高178厘米，颜值7分，本科学历，中学教师，年收入18万元，拥有一套房（贷款购买）、一辆车，为人忠厚老实，很有涵养。

B男：28岁，身高175厘米，颜值7分，专科学历，经营家族生意，家庭年收入在120万元左右，拥有三套房、两辆车，为人幽默、热情。

C男：26岁，身高172厘米，颜值8分，985大学硕士研究生学历，IT工程师，年收入20万元，无房无车，为人阳光，积极上进。

在这段内容下面的评论区，很多网友给出了一些建议及其理由。总体来看，建议选择C男的相对多一些。显然，在三个男生的年龄、外形条件相差不大的情况下，人们更倾向于选择那个当前的物质条件一般，却看起来更有前途的C男，也就是说，很多人在择偶的时候，尤其是女生选择男生的时候，"是否有前途"是她们非常看重的一个指标。

其实，不仅仅是择偶，"伯乐"在寻找"千里马"的时候也是如此，他们希望找到一个即便目前在复利成长曲线B区域，但通过自己的努力不断靠近C区域的合作伙伴(见图3-1)。

通过这些人的选择,可以得出一个结论,即一个人的价值不完全取决于当下的知识、能力、财富等,更为关键的是当前表现出来的潜质。或许很多人在选择另一半或合作伙伴的时候,说不清楚为什么更看重一个人的潜力,但这种选择倾向是实实在在存在的。我们借用巴菲特的一段话,来探寻其底层逻辑到底是什么。

巴菲特在不同场合多次说过这样一句话:"一家企业的内在价值是企业在其存续期间内自由现金流的贴现值。因此,未来经营的自由现金流的估算及合理贴现率的选择是很重要的指标。"

这句话里有两个重要的概念,分别是自由现金流、贴现率。

自由现金流概念,最早是由美国哈佛大学的迈克尔·詹森提出的,他在《美国经济评论》上发表的《自由现金流的代理成本、公司财务与收购》一文中,正式提出自由现金流是指企业产生的满足了再投资需要之后剩余的现金流量,这是企业在不影响持续发展的前提下可供分配给企业投资者的最大现金额。

贴现率是指将未来的资产折算成现值所使用的利率。

举个例子:当贴现率为8%时,明年的100元在今年相当于100元/(1+8%)=92.59元,后年的100元在今年相当于$100元/(1+8\%)^2$=85.73元,也就是说,看似相同的100元每一年的实际购买力不同。

简单了解自由现金流、贴现率两个概念之后,就不难理解巴菲特所说的那句话,即一家企业现在的价值,就是把企业未来每一年的自由现金流按照一定的贴现率折算到现在的价值的总和。巴菲特就是通过自由现金流折现模型,大致判断出一家企业的内在价值,然后等到股价低于其内在价值的时候买入它,再耐心等到股价远远高于其内在价值的时候卖出。

话说回来，判断一家企业的内在价值是这样，判断一个人的价值（说得更直白一点，就是身价）不也是一样的吗（见图4-1）？

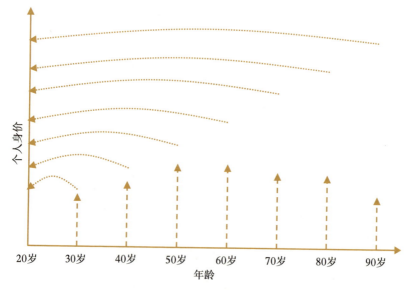

图4-1　一个人的身价示意图

一个人的身价，不仅取决于其现在有多少资产，还取决于其有生之年未来每一年的收支之差（收入减去所有的支出）折算到现在的数额之和。其实，这对没有多少资产可继承的普通人来说，就是一个莫大的福音啊，只要你一直正确地努力下去，你的身价就会不断地上升。与此同时，在这个过程中你会发现，之前悬殊无比的出身差距在自己的努力面前显得越来越微不足道。

难道不是这样吗？相亲市场上，很多人就是在利用这个标准"投票"。就像前面提到的例子中大多数人建议选C男一样，大家看中的不是他年收入20万元，而是他的学历、所在行业、积极上进带来的综合潜力，认为他未来大概率能赚到更多的钱。

那么，关于人的身价的理论，与本章要讲述的省钱有什么关系呢？其实，仔细琢磨就会明白，我们不应该为了省钱而省钱，而是要为了不断提升身价而有策略地进行消费。

如果进一步把身价理论拆解，一个人的自由现金流＝（工作收入－日常支出）＋（资产收入－负债支出），身价除了自由现金流大小之外，还与折现次数（寿命）有关。也就是说，想提升身价，不仅要专注在收入与支出方面，还要关注自己的健康。

照这个思路，我们就会很直观地看到哪些钱应该花，哪些钱应该不花或者少花。一个人的支出，无非就是在衣食住行、教育、娱乐、医疗等方面，我们一个一个来看。

第一，你不断践行复利成长曲线的过程，就是你在不知不觉中不断提升身价的过程。你会发现原来在你心中遥不可及的那些人也开始主动找你交流，而且他们还愿意把你介绍给更多的人合作。还有一点特别想强调的是，就像复利成长曲线中有里程碑一样，我们的成长只有达到一定的程度，突破那个"沸点"之后，才能变成水蒸气，否则依然是水，尽管比别的水热一些。

从这个角度来说，我们每年要为自己的成长做一些投资，不仅是时间上的，还有资金上的。在收入不是很高的时候，更要拿出一部分的预算投资自己，例如买书的费用、考取与自己专业领域相关的各种证书的费用，以及其他一些必要的教育费用。

第二，健康的体魄不仅让一个人活得更久，延长赚钱的时长，还能够节省看病的钱，有助于提高工作和学习的效率。因此，不要忘了拿出一部分预算投资自己的健康，例如定期进行游泳、羽毛球、足球、乒乓球等运动。

第三，在一个人努力践行财务自由之路的过程中，绝不允许多乱花一分钱也不现实，这是反人性的。人生本不易，也不能完全为了未来而不顾现在的感受，也需要适当地犒劳自己。不过需要注意的是，这种犒劳不是盲目的、过于频繁的，而是有意识、有计划地去做。

从财富的角度来看，犒劳是一种伤财的事情，所以最佳的犒劳方式是作为努力后的奖励。例如最近一段时间按照预定的计划顺利完成了学习或工作上的某项任务，而这项任务本身的价值要超出你犒劳带来的支出。这种"大进小出"的方式会不断地刺激你完成一项又一项任务，同时能让你尽情享受学习、工作成果与物质生活带来的喜悦。这种在努力后犒劳自己的另一个好处是逐渐培养一个人的"配得感"，即在大脑中不断植入通过自己的努力完全可以过上自己想要的生活的意识。刚开始努力时，你选择了"因为相信，所以看到"，而在这种攻克一个个难关的同时获得享受的过程中，你又做到了"因为看到，所以更加相信"。

当你有了小努力、小成就、小犒劳，大努力、大成就、大犒劳的意识之后，衣食住行、娱乐等方面的消费思路就比较清晰了。例如，你想要基本预算外的，相对自己当前的收入价格稍微高一些的衣服、鞋包、食物，或者价格昂贵的手机、旅游、车、房等，就要思考能不能通过"先付出，后获取"的方式获得这些。

归根结底，我们不是为了表面上的光鲜亮丽和纯粹的享受而去消费，而是应该将其作为成为更好的自己之后的奖励。这样一边享受，一边不断让自己的身价上升，岂不是最好的消费方式？

会消费，让你变得更好。

上面讲了那么多要采取"大进小出""先付出，后获取"等方式不断努力和奖励自己，享受人生，其核心在于要做到延迟满足。

什么叫延迟满足？它是指一种甘愿为更有价值的长远结果而放弃即时满足的抉择取向，是在等待期中展现出来的自我控制能力。

哥伦比亚大学心理学系教授沃尔特·米歇尔在《延迟满足》这本书中提到，经过50多年的调查研究，他发现那些在各行各业中取得非凡成就的人往往自控力超强，能够拒绝短暂的满足，从而获得更大的成功和幸福（见图4-2）。

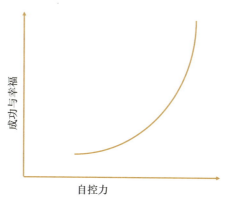

图 4-2　自控力与成功、幸福之间的关系

其实，不用说那些取得非凡成就的人物，仔细回忆我们周围那些在学业、事业上取得一定成绩的人，他们身上有些特质惊人地一致——比起同龄人，他们具有更强的延迟满足能力，在别人休息、娱乐、闲谈的时候，他们还在争分夺秒努力着；在别人获得小成就而自我满足、停下脚步的时候，他们又盯上了更高、更远的目标。

话说回来，我们在追求复利成长曲线的过程中，是不是也需要延迟满足的能力呢？另外，在积累资产、创造资产、减少不必要的支出，这些对我们缩短实现财务自由时间非常重要的要素方面，是不是也需要延迟满足的能力呢？

说到这里，可能有人会反驳：道理都懂，但是当诱惑来临的时候，过去的决心、之前制订的计划都烟消云散了。

其实，曾经的我也经常遇到类似的问题。一到周末，甚至有些工作日的晚上，我的朋友就约我打牌，虽然没有具体统计过，但在我的印象中，绝大多数时候我经过一番思想斗争之后还是赴约了。这还没完，每次玩完回家的路上，我都会自责，下定决心下次再也不去了，然而，没过几天，朋友又找我的时候，我还是去了。

这个问题真的困扰了我七八年的时间，直到2017年初，我开始走上终身学习之路以后，问题才得以解决。后来，经过阅读和自己的思考，我才发现过去屡次犯同样的错误，是因为每当遇到诱惑的时候，我不断地想象屈服于诱惑之后的各种美好，同时不断找让自己心安理得的各种理由。

那为什么每次下定决心却不管用呢？容易下定决心是因为我有负罪感，同时没有当初面临诱惑时的痛苦。而再次面对诱惑时，负罪感被当时容易获得的各种美好感受比下去了……于是这样不断重复，积极计划，消极实施。

其实，现在回过头来想，缺乏正确的努力，再加上那些即时享乐的过去，不就是让我的人生越来越不容易的根源吗？在这样的人生中，能力没有得到提升，财富没有得到积累……不难理解，如果按照这种方式生活下去，我的人生会越来越难，幸福与成功会离我越来越远。

如果自控力与幸福、成功的关系如图4-2所示的话，那么对追求财务自由的人来说，自控力与实现财务自由所需要的时间的关系就如图4-3所示。

其实，自控力差是人类的天性，延迟满足是在克服人性的弱点，会带来一些不适，需要采取一些办法才可以实现。

既然很多时候人们无法抵住当下的诱惑，忽视了未来更大幸福和成功的价值，那么我们就应该反过来，每当面对诱惑时，采取"轻当下，重未来"的策略：立刻停止想象当下诱惑带来的美好，同时把当下的选择与能带来无数倍快乐却晚一些到来的真正的成功、幸福联系在一起，把那个遥远的未来拉近到当下。

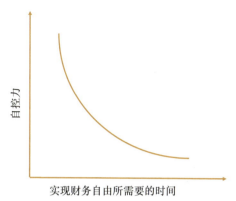

图 4-3　自控力与实现财务自由所需要的时间之间的关系

· 第二节 ·

想省钱，还要消除这个"阻碍"

记得在十多年前，我特别爱看都市生活喜剧片《杨光的快乐生活》，尤其是《老同学》那一集留给我的印象特别深刻。

杨光是电视剧的主人公，他有一个女朋友叫夏丽，还有一个好朋友叫条子。这一集主要讲述的是杨光、夏丽、条子在招待夏丽老同学王小帅的过程中发生的事情。尽管杨光身上只有一千多块钱，但为了避免在王小帅面前"掉价"，他还是和条子商量后预订了一个高档酒店的大包房，同时还租了一辆轿车，去机场接来了王小帅。刚见面，条子就向王小帅谎称杨光是国际贸易公司的董事长，而自己是杨光的助理兼司机。

在接下来一起吃饭一起唱歌的过程中，明明带的钱不够，但为了面子，杨光还是死撑着。眼看要"败露"，他先后跟条子和自己的父亲商量,让他们分别在酒店、歌舞厅当"人质",自己会尽快拿钱来赎人。

吃完饭、唱完歌,在王小帅的提议下,他们又去了洗浴中心消费。一看又是高消费,自己无法支付,杨光便找了个借口让夏丽和王小帅先回去,说自己还想再泡一会儿,并嘱咐两人把手牌交到服务台,让他来一起买单。他们走后没过多久,杨光的手机也没有电了,实在是没有办法联系上能带钱来救他的人。

最后,杨光全副武装来到服务台,做好了挨打的准备,却意外地看到夏丽和王小帅一直在等他。夏丽告诉杨光,酒店、歌舞厅、洗浴中心所有的账王小帅早就结完了,让杨光尽快赎回"人质"。

故事非常有意思。对我们来说,更重要的是悟出搞笑故事背后的寓意,并指导我们的人生。

在我们周围,是不是的确有一些人像杨光一样,特别在乎自己的面子,而不顾自己的实际消费能力?

对一些人来说,面子如此重要,甚至比金钱和生命还重要,那到底什么是面子呢?为什么面子如此重要呢?进一步说,我们该如何获得真正的面子呢?

按照科学百科的解释,面子本指物体的表面,引申为体面和情面的意思。面子是虚荣心,也是荣誉感。虚荣心越强的人,越需要他人对自己的肯定。面子实质上是个体对自我在他人心中的价值与地位的关注,自我价值是面子的内核,社会性资源是面子的象征。

从面子的定义中可以看出面子由两部分组成,一个是表面的部分,对应的是虚荣心;另一个是里面的部分,对应的是面子的内核——自我价值(见图4-4)。

自我价值部分是实实在在属于自己的部分,完全可以通过努力学习、努力工作、为社会做出贡献来不断提升。从这个角度来说,在前

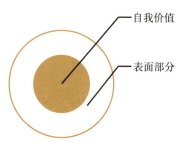

图 4-4　面子的组成部分

文中多次提到的复利成长,就是不断积累更多的知识、更强的能力、更高的认知的过程,同时也是为了在今后的人生中实现自我价值(获取真正的面子)而长期打基础的过程。

而表面部分是自己主动展现给他人的部分,目的是博取他人对自己的肯定,包括展现自己的财力、成就,甚至是美貌等。

根据马斯洛需求层次理论,人们都有被尊重的需求,任何人都不会喜欢被轻视、被否定的感觉,这一点无可厚非。

只是每个人满足被尊重需求的路径不一样,有些人从实现自我价值的角度出发,在一点一点成长、一点一点做出成绩的过程中,不断认可自己,以至于不太需要通过他人的认可来满足被尊重的需求。

而也有一些人意识不到面子的内核在于自我价值,不断通过表面部分的"装饰"渴求他人对自己的认可。其实,适当的"装饰"并没有什么错,但关键在于与自我价值的匹配性,就像同样的衣服、手表、包,以及各种首饰等,穿戴在有些人身上就非常得体,与其自身的价值非常相符,所以能够起到锦上添花的作用。反过来,当一个人表面的"装饰"远远超出自我价值时,这些"装饰"就会显得格格不入,不仅难以长久坚持下去,而且还会像电视剧中的杨光一样,不断被"卸妆",反倒丢尽了脸面。

我们从"重视自我价值、轻视自我价值"和"合理重视表面部分、过度重视表面部分"的维度，利用"二分法四象限"来分析一下处在每一个象限里的人的差异（见图4-5）。

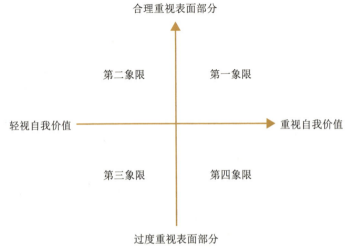

图 4-5　自我价值与表面部分的四象限图

特别强调，是重视自我价值，还是轻视自我价值，区别在于一个人的大脑中是否有成长性思维并能够长期执行下去；是过度重视表面部分，还是合理重视表面部分，是根据自身价值匹配的。

第一象限的人把更多的注意力放在了自我成长与自我价值的实现，在不断成长和做出成绩的过程中，能够获得自我实现需求（马斯洛需求理论的第七层次）的满足，这意味着获得了比尊重的需求（马斯洛需求理论的第四层次）层次更高的需求的满足，无须通过表面部分的过度"装饰"来获得别人的尊重。他们会根据自身的价值，匹配相对应的表面部分。

随着时间的推移，他们会不断成长，不断成就事业，不断夯实能够"装饰"表面部分的基础，也就意味着能够获得精神和物质层面的"双丰收"，更为重要的是在精神和物质层面还能够形成正循环。

第二象限的人不追求自我的成长，也不会为了赚更多的钱去主动积极地工作，大多数情况下安于现状，但好在他们能够摆正位置，不会为了面子过度"装饰"表面的部分，而花一些不必要的钱。从我对周围人的观察来看，绝大部分人都属于这一类。

第三象限的人有一个自以为很稳定的工作，平时没有成长的追求，把大部分的精力、财力用在了表面部分。需要注意的是，表面部分也分为两类，一类是对自己过度"装饰"，例如买名包、名表、品牌服装、豪车等；另一类是施舍他人，例如经常请同事、朋友吃饭，甚至在餐馆遇到朋友的朋友时，也会买单。

对自己过度"装饰"的人，能够让自己获得物质带来的快乐，却无法让自己进一步成长，从而获得更高的收入。需要警惕的是长期不匹配造成的消耗，这种不匹配导致这类人不仅没有太多的剩余资金进行储蓄或买入资产，而且还容易带来潜在的财务风险，尤其是通过负债的方式买入很多消耗品的时候更是如此。

喜欢通过请他人吃饭等方式施舍他人的人，最后可能什么好处都得不到，不要以为经常接受你施舍的人就会高看你、感谢你（要知道，懂得感恩的人是不会总是让一个人施舍的，而是会有来有往，如果自己无法给予适当的回报，也不会一直接受他人的施舍；换句话说，只知道接受的人永远不懂得感恩），没有自我价值支撑的、毫无意义的施舍是不会受到半点尊重的。你想想，只想着占你便宜的那些人有可能会尊重你、重视你吗？不会的。尊重你、重视你意味着愿意与你成为长期的好朋友，生怕失去你，所以不会不断让你破费，让二人之间的距离逐渐疏远。所以，喜欢施舍的人最后的结局是不仅财变少了，靠财撑起来的、自以为是的面子也没有了。

第四象限的人一方面一直追求着成长，做着能够长期积累的事情，相信通过自己的努力能够让自己的未来变得越来越好；另一方

面,他们也非常注重自己的表面部分,例如天天在社交媒体晒自己今天吃了什么、去了哪里、有哪些收获,还秀自己的美貌、身材……不断向外界展示自己的所有(当然,如果是为了打造自己的个人品牌,展示自己的专业性和积极的人设则另当别论)。

积极的一面是,这部分人在自己的世界里已经形成了"正循环":成长—做出成果—通过各种方式让他人知道—被认可—继续成长—做出更大的成果……只是从心理学的角度来看,过度的展示是因为尚未对自己形成足够的认可,需要通过外界的认可来满足自己的虚荣心和被关注的需求,是一种不够自信的表现。从这个角度来说,他们在成长和成功的道路上还有很长的路要走。

从四个象限不同人群的分析中可以看出,最佳的策略是第一象限——不断追求自我价值,同时合理地展示自己表面的部分,从而获得真正的面子;最差的策略是第三象限——缺乏自我价值,通过不断向外展示以求获得他人的认可,容易出现"死要面子活受罪"的情况。

话说回来,如果我们省出毫无必要的"面子钱",把那些钱投入我们的成长,这本身就是一个不断夯实自我价值、实实在在挣面子的过程;反过来,当我们不断挥霍"面子钱"的时候,不仅得不到想要的面子,而且还会大大延缓实现财务自由的进程。

所以,在财务自由的践行之路上,我们也要学会延迟满足自己的虚荣心,千万不要为了所谓的面子消耗掉无谓的金钱。

记住,我们积极地成长、努力追求财务自由这件事情本身就是最大的面子。

· 第三节 ·

日常生活3种实用的省钱方法

从小我们的老师、父母或其他长辈就教导我们不要乱花钱,等我们长大为人父母之后,也几乎用同样的方式教导我们的子女。尽管受过这么多教导,也教导过他人,然而真正为省钱而采取一些必要措施(例如记账和做预算)的人少之又少。因为在很多人看来,记账、做预算都是比较麻烦的事情。

的确,很多事情尤其是既复杂又枯燥的事情,做一次、两次并不难,难的是长期的坚持。所以,对记账、做预算这些事情,我们需要找到一个平衡点,在尽量简单化的基础上,达到省钱的目的。

记账是省钱的第一步,目的是了解我们的钱平时都花在了什么地方,为接下来的预算做准备。我们可以按照表4-1中的类别划分,先记录一个季度的支出。之所以记录一个季度,是因为有些费用并不是每个月都会发生,只有记录一个季度以上才能较为充分地了解每个月的平均支出情况。

在记账之前需要强调的是,每个家庭的支出类别会有所不同,可根据自身情况对表格中的类别进行调整。此外,根据家庭成员组成情况,可以单独记账,也可以合并记账。如果是合并记账,建议在表4-1类别的基础上进一步划分,例如,丈夫的服饰、妻子的服饰、孩子的服饰等。

表 4-1　个人（家庭）支出类别划分　　　　　单位：元

支出类别		第一个月支出	第二个月支出	第三个月支出	第四个月支出
生存类	服饰类				
	食物（三餐）				
	食物（其他）				
	房屋				
	交通				
	通信				
	……				
教育类	书籍				
	培训				
	会员				
	……				
奖励类	……				
社交类	……				
保险类	……				
其他类	……				

下面，详细介绍一下记账原则。

第一大类：生存类，主要记录与人的生存相关的衣食住行部分的支出。

（1）服饰部分记录包括衣服、鞋、帽、袜子、手套、围巾、领带、提包、雨伞、发饰等在内的所有衣物方面的支出。

（2）食物分为三餐与其他两类。三餐是每个人的刚性需求，只是有的时候会通过点外卖、在外吃饭等方式解决，有的时候会通过在家做饭的方式解决，两种方式的支出会有很大的差异，所以有必要进行分类记账。食物（三餐）类，只记录点外卖、在外吃饭的支出；食物（其他）类，记录其他食物方面的支出，包括肉菜费用、大米费用、调料费用、水果费用，以及各种零食费用。

(3)房屋类,记录与住宿有关的支出,包括房租费、物业费、电梯费等。

(4)交通类,记录与出行和家庭用车有关的支出,包括地铁费、公交费、打车费、加油费、停车费、洗车费、租车位费、罚款费、车检费、车辆保养费等。

(5)通信类,记录手机费、宽带网络费、有线电视费等支出。

第二大类:教育类,主要记录与成长及学习有关的支出,可细分为书籍费用、线上或线下的培训费用、一些学习平台的会员费用等。

第三大类:奖励类,在前文中提到过,在我们成长与做出成就的过程中,可伴随一些奖励的措施,奖励的内容可包括在高档餐馆吃饭、旅游、给自己买一份礼物等。需要说明的是,尽管在高档餐馆吃饭属于一天三餐的范畴,但由于是为了奖励自己而特意安排的,所以应记录在奖励类一栏;同样地,在旅游过程中发生的交通费、住宿费、餐费也都属于这一类,给自己奖励的提包也属于这一类。

第四大类:社交类,记录生活中礼尚往来的支出,包括请客吃饭、送礼等的支出。

第五大类:保险类,记录给自己或家人购买重大疾病保险、医疗保险、意外保险等的支出。

第六大类:其他类,主要记录一年当中不定期发生的支出,例如看病、买药、照相、办证手续费等。

记账的时候,按照上面几大类详细记录即可。当然,在记账的时候,有些支出(例如物业费、保险费)未必会在这一季度内发生,也没有关系,因为记账主要是为了了解自己或家庭的支出主要发生在什么地方,从而知道哪些部分可以节省。

预算是省钱的第二步,这一步也非常重要,预算对家庭金钱流出

来说既是"守门员",又是"警报器"。

有一次,我在网络平台上看到了一个存钱罐的故事。

有一对夫妻因为过年没有钱办年货而发生了口角,妻子责怪丈夫不应该抽烟,丈夫却不认同,认为那也没花几个钱。

第二年,妻子准备了一个存钱罐,每天丈夫买一包烟,妻子就往存钱罐里投入一包烟的钱。这样一直坚持到了年底,妻子把存钱罐里的钱倒出来,一家人过了一个热热闹闹的新年。

丈夫很受触动,从此下定决心戒了烟,妻子也就不再往存钱罐里存钱。到了年底,他们发现办年货的钱又没有了,夫妻二人百思不得其解:又没抽烟,钱去哪儿了?

在这个故事中我们可以看到,即便在我们的大脑里有一些省钱的意识,但是如果没有记账和做预算的习惯,金钱就会在一些看不到的地方流出去。因此,我们有必要通过每日记账和每月做预算的方式,牢牢把金钱掌控在自己的手里。

每月的预算和支出可采用表4-2所示的个人(家庭)预算与支出统计表记录。

表4-2 个人(家庭)预算与支出统计表

支出类别		本月基础预算/元	本月可用(上个月余额+本月预算)/元	本月实际支出/元	本月剩余可用(本月可用-本月实际支出)/元	本月剩余额度占本月基础预算百分比/(%)
生存类	服饰类					
	食物(三餐)					
	食物(其他)					
	房屋					
	交通					
	通信					

续表

支出类别		本月基础预算/元	本月可用（上个月余额＋本月预算）/元	本月实际支出/元	本月剩余可用（本月可用－本月实际支出）/元	本月剩余额度占本月基础预算百分比/（%）
生存类	……					
教育类	书籍					
	培训					
	会员					
	……					
奖励类	……					
社交类	……					
保险类	……					
其他类	……					
总计						

预算表格的第一列是支出类别，与个人（家庭）支出类别一致。之所以对类别没有进行更细致的划分，一方面是为了简单，以便能够长期记录下去；另一方面是为了使同一类别的不同支出项（例如衣服和鞋）之间彼此起到制约作用。

第二列是基础预算，即根据前三个月记账的情况，以及下一个月会发生的支出，进行合理的预算。当然，预算部分中有一些支出是几乎无法省出来的固定费用（例如物业费、宽带网络费等），也有一些是根据情况每个月、每季度或每年可调整的支出。整体的原则和大方向是随着时间的推移，能够留出更多的钱进行储蓄和投资。此外，如果有些支出在下个月不会发生，那么此部分的基础预算为0元。

第三列是本月可用（上个月余额＋本月预算）部分，由两个部分组成，一个是上个月剩余的部分，自动转为本月可用的部分；另一个是本月的预算，可以根据上个月剩余的部分，适当进行调整。

第四列是本月实际支出部分，每天的每一笔支出都要加到这里，除了特殊情况以外，不要超出本月可用部分。之所以说预算是家庭支出的"守门员"，是因为任何一个支出类别的实际支出部分只要不超过本月可用部分，你的资金流出就能够很好地控制下来，真正起到了省钱的作用。

第五列是本月剩余可用（本月可用－本月实际支出）部分，每笔支出记录之后，能够直观地看到每一类别还有多少剩余预算可用，起到家庭支出的"警报器"的作用。

第六列是本月剩余额度占本月基础预算百分比，每笔支出记录之后，能够直观地看到本月的消费进度，同样起到"警报器"的作用。

最后一行的总计，是每一列的综合统计，能够看到整个月的预算与支出情况。

每一类别的基本预算，没有固定的所占比例，可根据个人或家庭的情况进行调整，表格的内容也可进行调整，适合自己的才是最好的，只要能够达到方便记录的目的即可。

既然是每个月的个人预算与支出统计表格，那么每个月底都要进行统计、汇总，以及确定下个月的预算。重要的是实际支出部分要控制在预算内，同时逐渐降低每年基础预算部分占总收入的百分比。

介绍完记账和预算的方法之后，再看看适用于很多产品的消费基本原则。

仔细琢磨你会发现，所有的商品都可以划分到"高频次、低频次""高价、低价"的二分法四象限图中（见图4-6）。所谓的频次，指的是消费的频次，而不是使用的频次（与"消费的频次"有所区别，就像我们天天用手机，但不会天天买手机一样）；价格指的是单价,而不是总价。当然,所谓的高价,对每个人来说不一样,同样的价格对有些人是高价,对另一些人是低价,每个人可根据自己的收入情况来判断。

图 4-6　消费频次与价格的四象限图

尽管是四象限图,然而归为第一象限和第三象限的商品非常少,这也是符合商业规律的,低价的商品使用得少,显然此行业的企业无法长期生存;如果高价的商品使用得多,显然从供给与需求的角度看,很快就会有很多厂家来竞争,导致其价格下降。因此,绝大部分的商品"落"在了第二象限或第四象限。

我们分别对第二象限和第四象限商品的消费原则进行分析。

第二象限的高价、低频的商品,可分为刚需和非刚需两类。刚需类进一步可分为更新快的商品(例如手机、计算机、汽车)和更新慢的商品(例如房子、沙发、书柜);非刚需类包括旅游等。

对更新快的刚需类商品,由于购买之后很快成为旧产品,贬值得快,所以应该追求性价比,只要够用、使用感受不差,那么价格越低越好。

对更新慢的刚需类商品,由于购买之后可长期使用,所以相较于

更新快的商品，理应追求更高的质量。

对非刚需的商品，建议只在一种情况下消费，就是作为奖励。尽管是支出，但由于是奖励类的，你会感到很快乐，还想有下一次，甚至更多次，这会促进你不断成长，不断做出成绩。

对第二象限高价、低频的商品，因为毕竟是高价的商品，所以消费之前一定要清楚支出由哪几个环节组成，然后一定要想尽办法在每一个环节都节省一些钱，这一点非常重要，尤其是房屋买卖的时候更是如此，可以节省下低价商品无论怎样也节省不了的资金。

第四象限的商品也可分为刚需和非刚需两类。在这里，刚需指的是使用量相对固定的商品，例如卫生纸、食用盐、大米等；非刚需指的是使用量不固定的商品，例如饮料、巧克力等各种零食。

你不能减少卫生纸的使用量，不能减少食用盐的量，所以很多刚需的商品几乎无法减量，这类商品适合在商场或电商有优惠活动的时候多买入。

对非刚需的部分，我们可以通过减少使用量来降低支出，非刚需部分的支出额一定要控制在一定的比例之内，建议不要超过30%。

特别想强调各种会员卡的使用，如果是刚需商品，由于使用量几乎固定，建议办理会员卡；如果是非刚需商品，不建议办理会员卡，你会发现办完之后，去消费的次数明显增多了。

最后，再说一下第三象限的商品，它们是在日常生活中偶尔会用到的商品，例如，某一段时间使用一下小白板，用一次之后几乎不再使用。对这类商品，可以采取租赁或购买二手货的方式省钱。

不管怎样，只要按照这种方式长期坚持下去，就能省出更多的钱进行储蓄和投资，更为重要的是，由于把钱用在了刀刃上，所以并不会降低我们的生活质量，反而会让我们的消费更健康、更高效。

· 第四节 ·

要守住钱，还要避开这3个"坑"

在上一节的文章里，我们介绍了在平时的生活中省钱的一些方法，如果严格按照此方法长期执行下去，我们的口袋会逐渐鼓起来。然而，在现实生活中，总会有一些财务之"坑"埋伏在我们的身边，设法让我们掉进去，稍有不慎，我们之前的努力和坚持都将付之东流，而且还会大大延缓我们实现财务自由的进程。

根据我在各种平台上看到的，以及我身边发生的事情，我认为有三个"坑"是一定要避开的，分别是借钱、被骗、赌博。

◇

很长的一段时间里，一提到借钱这件事情，我就会感到头痛，倒不是我本人经常借给别人钱，而是我的父亲把在国外辛辛苦苦打工挣来的钱借给了很多人，包括亲戚、朋友、老同学等，少则三五千元，多则十多万元（你会发现，当一个人手里有点钱的时候，会被很多人惦记）。十多年过去了，有些借出去的钱到现在还没有要回来，也不知道还能不能要回来。

回想他们向我父亲借钱的理由，有的是为了出国打工需要十多万的签证费，有的是企业效益不好需要十多万的周转资金，有的是为了开发新项目需要近十万元……所有人向我父亲借钱的时候，都非常诚恳，似乎不把钱借给人家，我父亲就显得不够意思。我的父亲脸皮也薄，不大会拒绝别人，于是把钱一笔一笔地借出去了，尽管有些人在我看来是那么不靠谱。

借过钱给别人的人,往往会有同样的感受——借出去的钱很少能按时要回来,人家晚点能还钱那都是够意思,还算是靠谱的人。

我还清晰地记得,有两次我们家买房子的时候,由于首付款差几万元钱,无法买到更心仪的房子,只能选择价格稍微低一些的房子。很多年过去了,当初单价相差一千元左右的房子,已经相差了三千元左右。

我想,现实生活中还有很多类似的事情,借钱却不按时还钱的人,不仅伤害了为数不多愿意帮助他们的人,而且还让好心人受到了经济上的损失。

后来,我自己认真思考过我的父亲经常把钱借给别人的原因,除了大家能够想到的面子薄、不好意思拒绝别人之外,还有一个很重要的原因是他不懂得"钱生钱",认为那些钱反正都在账户里"躺"着,不如借给朋友解燃眉之急。

你想想,当你具备了一定的投资能力,你的钱能够为你产生被动收入的时候,你会轻易把钱借出去吗?一方面,不管是借给谁,只要是借出去的钱就会有收不回来的风险;另一方面,即便借款人还钱了,但是你损失了借款期间的理财收入。所以,从这个角度来说,一个人的投资理财能力越强,越不大可能把钱借出去。

那么,为什么很多人当初借钱的时候非常诚恳,但后来即使有了钱也不愿意还呢?

其实,这与第一章第一节里提到的"损失厌恶现象"有关,很多人还钱的时候有一种"损失"的感觉,还不还钱取决于这种"损失"的感觉与当初的感激之情、对自己信誉的在乎程度之间的较量。当初借到钱的人或许会有感激之情,但这种感激之情会随着时间的推移逐渐淡化,再加上有些人对自己的信誉是无所谓的态度,最终"损失"感战胜了感激之情以及对自己信誉的在乎程度,这也是借出去的钱,越往后越不容易要回的很重要的原因。这也意味着,有些人还钱的时候是需要克服人性弱点的。

这是从借钱人心理的角度出发分析的很多人不愿意还钱的原因。那么,从借出人的角度看,为什么不可以轻易把钱借出去呢?

第一,俗话说"时间就是生命",绝大多数普通人的收入模式是用时间换钱,我父亲的那些钱都是通过"干一天活,挣一天的钱"的方式一点点攒出来的,从某种意义上说,是用他宝贵的时间换来的。既然如此,为什么要把用自己宝贵时间换来的钱轻易借给别人呢?难道不应该把辛辛苦苦挣来的钱掌控在自己手里吗?

第二,就像我父亲把钱借出去之后会影响我母亲和我的感受一样,实际上借钱给别人是伤害最亲的人的行为。我们经常在现实或电视剧里看到由借钱引起家庭矛盾的故事,轻易借钱出去的人不仅没有尊重自己的劳动,也没有尊重家人。家庭的财务是需要家庭成员共同努力和管理的,在其中一方不断把钱借出去的时候,会影响另一方管理金钱的积极性,有时还会导致大家一起"摆烂",使家庭财务状况变得越来越差。

第三,就像物体和物体之间有作用力和反作用力一样,钱借出去之后,自己还受到各种损耗、损失,不就证明了当你不尊重自己的钱,不把自己的钱当回事儿的时候,钱也不愿意留在你身边吗?金钱也愿意流向有价值的人、珍惜自己的人啊。

说到这里,可能会有人问:"难道任何时候都不能把钱借出去吗?"就像上面提到的那样,既然你的钱是用你宝贵的时间换来的,那么你借出去的钱也应该帮助你最亲的人、最值得帮助的人。但有一个前提,就如乔治·S.克拉森在《巴比伦最富有的人》这本书里提到的那样,帮助别人的时候,要以一种不会反受其累的方式帮助他们,不要把别人的负担转移到自己身上。从这个角度来说,你借出去

的钱要有个度，做到即便这些钱人家不还也对你没有影响，不要让自己陷入缺钱的困境。

大约10年前，我的一位长辈通过几十年的老同学的介绍，花了10万元买入了大约60万个某加密货币（就称为R币吧）。没过多长时间，这件事情让长辈的一个朋友（以下称为Z）知道了，于是Z找到长辈，说自己一个国外的朋友开发了另一种加密货币（就称为X币吧），更有"钱途"，劝说长辈用R币跟自己的朋友交换X币，而且保证如果未来R币比X币涨得更好，可以重新换回来。在多次劝说下，最终长辈自己留了10万个R币，用50万个R币换了对方大约200万个X币。其实，除了我这位长辈之外，他们的很多共同的朋友也被Z劝说换X币，有的人比我的长辈换得更多。

到了2017年底，R币的价格飙升，单价上涨了几百倍，达到了5元左右。这个时候，长辈用R币变现了30万元，还留下了6万个R币。过了半个月，R币又上涨到24元，长辈没有变现。又过了半个月，R币从24元跌到8元，长辈依然没有变现。后来，R币的价格长期在2—3元之间徘徊，长辈也一直留着那6万个R币。

几年间，R币涨了几百倍，而X币却跌了90%以上，这一涨一跌，让很多当初换币的人损失惨重，于是，长辈和一些朋友找到了Z，要求重新换回R币。然而，这个时候Z说，自己手里的X币也想换回来，可是他现在已经联系不上所谓的那个国外的朋友了，只知道一个国外的地址。

后来，长辈和几个朋友组织几个人一起到国外，去找那个人要求重新换币。然而，这个时候人家早已换了一副面孔，他的态度、他的财富已经发生了翻天覆地的变化，面对弱势的长辈和朋友，他怎么会把骗来的巨额财富轻易放走呢？况且是在国外，就算打官司，不仅费用昂贵，而且也没有多少胜算。长辈和朋友们最终没能要回R币，不仅如此，为了要回R币，到国外的交通费用、在国外的吃住费用也花了好几万元。很多事情往往就是这样，一步错、步步错，为了弥补当初的损失，需要付出远超当初的代价。

关于R币的事情还没有结束，到了2019年夏天，又有一些人找到了我的长辈，说是把手里的R币暂存到某个公司就可以挣钱。一看到很多人挣钱了，长辈就拿出3万个R币做了尝试，果然每周都有稳定且数额可观的收益。尝到甜头的长辈又拿出剩下的3万个R币全部放到那个公司。就这样，大概"挣"了两个月之后，长辈收钱的账户被冻结，眼瞅着里面有几万元却无法取出，R币也要不回来了。没过多久，R币又涨到了11元，不知道长辈的心里会有多难受。

其实，关于R币的这前后两件事情，都属于典型的诈骗。骗子们非常善于利用人性的弱点，设计一套详细的流程，让你从排斥到信任他们，甚至让受骗者们"主动"去受骗。

所以，我们还是要多学习，不断提升自己的认知，千万不要贪图小便宜或被对方所描绘的蓝图所迷惑，而去碰自己不懂的领域。暂时赚到钱可能是因为运气好，也可能是陷阱，但你迟早会把暂时赚到的赔回去，甚至会赔得更多。

你要记住，几乎所有的诈骗，都是先让人们尝到一点好处（目的就是为了吸引更多人，同时让一开始有疑虑的人逐渐放松警惕），同时描绘未来美好的蓝图，让人们失去理智，进入幻想。当越来越多的人开始幻想，逐渐投入更多的时候，也就意味着他们即将被骗子收割。

我有一位关系不错的朋友，十多年前开始在国外打工，按照他的收入水平，但凡他有一点储蓄的意识，到现在攒个一百万元，至少三五十万元一点问题都没有。我这么说，是因为我还有很多像他一样去国外打工的朋友，在几乎同样的时间段内积攒了不少钱，好几位朋友在国内已经买了好几套房。然而，我这位朋友直到现在什么都没有留存下来，如果要说原因，除了他的收入相对其他朋友少一些之外，更重要的原因是他长期沉迷于赌博，且在赌博的道路上越走越远。在我看来，他收入较低的原因也跟赌博有关，时时刻刻想着赌博的人哪里有什么技能、体力去挣更多的钱呢？

我这位朋友在国外打工，所以有机会经常去国外的赌场，具体玩的是什么我没有问过他，但他玩得越多，输得就越多。要知道赌场的很多表面上看起来公平的游戏，实则是不公平的、比较隐蔽的，让你感觉不痛不痒，逐渐欲罢不能。

在赌场，有些游戏是与机器对垒的。据了解，机器赢的概率是50.5%—55.0%，所以当一个人玩的次数不多的时候会感觉是公平的，然而当玩的次数越来越多的时候，机器那小小的优势就会显现出来，让玩的人必输无疑。你想想，赌场怎么可能让玩家轻易赢到钱呢？

除了与机器对垒的游戏之外，还有与其他玩家的对垒，然后赌场从赢家手里抽成。所以，即使你赢了，赢的钱也不会都归你。在这种规则下，长期来看赌场同样是必赢，而且还是稳稳地赢。

我朋友已经赌了十多年了，想必他也感受到了这不是让他发家致富的好办法，但是他无法停下来，每次拿到工资就去赌一把，已经成了一种习惯，他早就有了赌瘾。

说完这位朋友，再说说另外一位和我一起踢过几场球的朋友吧。这位朋友是一所中学的体育老师，足球踢得非常好，对足球的理解远远胜过绝大多数的人。然而，就因为有一些专业知识，他产生了自以为是的想法，开始涉足赌球。据说，他几年下来赔了很多钱，不仅把自己家的积蓄赔没了，还欠了很多钱，包括高利贷。后来，就因为赌球，老婆带着孩子离开了他，学校也把他开除了，他陷入了人生的绝境。

其实，我这两位朋友都知道赌博的危害性，可是为什么他们就无法戒掉赌瘾呢？或许有很多原因，但在我看来，以下两点是不得不提起的，也是很多嗜赌之人的共性。

我们绝大多数普通人挣不了大钱，一个很重要的原因是挣得慢，大多数人一个月才拿到一次钱。然而，在赌场里只要赢了分分钟就能见到钱，这时大脑会大量释放多巴胺（一种神经传导物质，用来帮助细胞传送脉冲，能传递兴奋及开心的信息），产生愉悦感，促使人追求更多这种刺激。随着时间的推移，人容易对多巴胺的快速释放和愉悦的感觉上瘾，会强化行为而沉迷于赌博。

尽管绝大多数参与赌博的人最终以亏损乃至倾家荡产收场，但他们也经历过赢的时候。然而，这种曾经的美好成了一种挥不去的"锚点"，让他们怀着侥幸的心理不断地尝试捞回本钱，在穷途末路上越走越远。

不管怎样，对追求财务自由的我们来说，除了远离赌博，没有其他选项。赌瘾不仅会让人倾家荡产，还会使人丧失人性。

第五章

进可攻退可守：打造你的投资系统

·第一节·
你的投资需要一个"管道",以做到长期稳定盈利

你是系统里的那颗"螺丝钉"吗?

普通人与牛人之间的差距是如何形成的呢?为什么很多人明明很努力,却没有获得自己所期待的结果呢?

从财商的角度来看,二者很重要的一个差异在于,那些在事业上取得巨大成就、在财富上获得丰厚回报的牛人们一直在琢磨系统、创造系统,而绝大部分普通人充当着系统里的"螺丝钉",无法把"螺丝钉"们很好地组合在一起,创造出一个威力更大、持续稳定产出的系统。

在著名财商图书《富爸爸穷爸爸》里提到的职业E、S、B、I四象限(见图5-1)中,处在B象限的企业家把技术、销售、财务、法律等众多要素或环节,按照一定的方式组合好以后,创造出企业这样一个更大的系统;与之相对应的是,处在E象限的雇员在这样的企业系统里,往往只从事某一个要素或环节中的工作,充当着"螺丝钉"。

图5-1 职业四象限

显然，只要企业是健康的、可持续的，B象限的企业家就可以利用系统满足人类社会某方面的需求，实现自我价值，同时获得远高于E象限雇员的回报。当然，企业家为了创造系统，付出了雇员们难以想象的努力，也承受了巨大的压力与风险。

摆脱"螺丝钉"身份，你需要系统性思维

提到企业家与雇员的差异，并不是为了说明企业家就一定比雇员更加优秀或者努力，只是从整体来看，大部分的企业家有着更为强烈的对自由、财富和实现自我价值的渴望，从而能够战胜各种困难去迎接更大的挑战；而雇员们尽管也有对自由、财富和实现自我价值的渴望，但由于各种各样的原因，采取了更为稳妥的方式。

既然富人大多出自B象限的企业家，那么在他们身上肯定有很多值得我们普通人学习和借鉴的地方，其中就包括了企业家的系统性思维。

什么叫系统性思维？系统指若干部分（要素或环节）相互联系、相互作用形成的具有某些功能的整体。

例如，汽车由各种零部件构成，单个零部件只是其中一个要素，没有太多的功能，只有当你把各种零部件组装起来，让零部件与零部件之间产生协同作用，让汽车实现点火、发动、向前、刹车等功能时，才算得上是一个系统。

再比如，假设你得到了南瓜种子和一堆土，但如果只有土和种子，种子是无法生长的。如果你把阳光、空气、水适当组合后再施加到土堆上面，并放置在合适的温度中，种子就会开始生长。正是土壤、阳光、空气和水之间产生协同作用，成为一个系统，才让种子发生了神奇的变化。

由此，我们可以总结出，系统至少包括三个部分：要素、要素与要素之间的关系，以及功能。其中，要素与要素之间的关系很重要，

能够展现出整体大于要素之和的功能,而多出来的部分就是要素与要素之间的协同关系。

从系统的概念出发,我们可以得出系统性思维的特点:不仅仅针对要素本身,更是一种基于要素与要素之间关系的思维方式;是从某个局部延伸到整个系统的思维方式;是一种动态化的视角,某一个要素或要素与要素之间关系的变化,都会影响系统的整体功能。

在财商领域,美国著名企业家贝克·哈吉斯的著作《管道的故事》,就重点讲述了系统性思维对积累财富的重要性。

在意大利的某一个村子里有两个年轻人,一个叫柏波罗,另一个叫布鲁诺。有一天,村长决定雇他们两个将村外河里的水运到村广场的蓄水池里,然后按每桶水一分钱给他们结算。

面对同一个项目,两人选择了不同的赚钱方式。布鲁诺选择的是白天提桶赚钱,晚上和朋友们一起享受生活,时不时还给自己和家人添置喜欢的东西;而柏波罗白天抽出一部分时间,与布鲁诺一样提桶赚钱,用剩余的时间和周末来实施自己建造管道的计划。

就这样日复一日,两年过去了,布鲁诺尽管赚了一些钱,但由于长期从事提桶的工作,腰也弯了,背也驼了,无法像一开始那样提更多的桶,收入自然也越来越少;而柏波罗终于打通了从河流到村子蓄水池之间的管道,河水能够源源不断地向蓄水池供水,赚钱变得异常简单、轻松。

其实,这个故事乃至《管道的故事》整本书,讲述的就是财商世界中极为重要的概念——系统。柏波罗建造的管道就是一个系统,只有系统才能够赚取长期的、稳定的、更多的收入,甚至有的系统可以产生被动收入。然而,琢磨系统、设计系统、实施建造系统的计划并不是一件容易的事情,不仅需要明白系统思维的重要性以及建立系统的方法,更为重要的是需要长时间付出很多人难以理解的努力,以至于有时候还被"布鲁诺"们嘲笑。

和上面提到的管道一样,很多赚钱的项目都是由若干个要素或者环节组成的系统,只有掌握系统内各个环节之间关系的人,才能够成为优秀的领导者、企业家,才能够从宏观的角度思考问题、解决问题,并不断地承接更多项目,赚取更多的收入。

而缺乏系统思维的人,由于对系统内部环节与环节之间的关系不够清晰,难以独立承担更大、更多的项目,也就是说,即使他再努力,他也始终在做"螺丝钉"的工作,并没有把多个"螺丝钉"组合而展现出更大的能力。更为现实的情况是,我们绝大多数人在做子环节、子子环节的工作(见图5-2),离整个系统差得很远,这也是为什么看似付出同样的努力,其回报却天壤之别的原因所在。

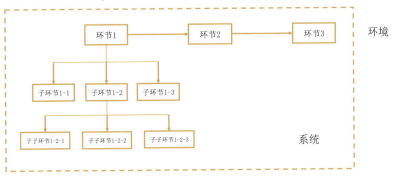

图 5-2　系统内部环节、子环节与子子环节

具备系统思维和能力的人,对不具备系统思维和能力的人来说是降维打击,因为他们能够看到事情的全貌,能够协同多方面去解决问题;而不具备系统思维和能力的人,只能看到眼前的东西,看不到环节与环节之间的联系。时间一久,方方面面的差距逐渐显露出来,谁才是稀缺的人才,谁是更容易被替代的人,显而易见。

需要进一步强调的是,系统内部要素或环节之间协同效果的好坏，不是取决于系统内部的自我感觉，而是取决于系统所表现出来的整体功能是否能够长期适应系统所处的环境。

例如，评判一家企业是否优秀，不是看它是否配备了足够多有专长的人才，以及企业内部的人际关系是否融洽，而是看这些优秀的人才协同合作所产生的产品或服务能否在市场环境中长期受到欢迎。人们种南瓜种子的时候，不断调整阳光、空气、水、土壤等，是为了让种子在不同环境中存活下来；柏波罗建造管道的时候，或许会面临不断调整设计方案、施工方案的情况，那是因为各种方案不仅要考虑村子的地形结构、土壤质地等，还不能与村子所在区域的各种规划这个"环境"相冲突。

可以说，人们想尽办法从空间上、时间上组合好各种要素或环节，很重要的一点是为了让系统适应其所处的环境。甚至可以说，一个系统的好坏取决于能否通过要素或环节之间的重新组合，适应千变万化的环境。

进一步说，成熟的系统是一个闭环，从头到尾的思路或流程都很清晰，而且能够在空间上或时间上不断复制。就以建造管道的故事来说，已完全掌握建造管道流程的柏波罗还可以在其他村子建造管道，其赚钱的速度会越来越快。很显然，好的系统不仅能够长期生存，而且能形成自我增长的模式：复制—提升影响力—进一步复制—进一步提升影响力……

普通人的"投资管道"："E＋I""S＋I""E＋S＋I"模式

话又说回来，对绝大多数普通人来说，不去建造企业般的系统就无法成为富人了吗？就无法实现财务自由的梦想了吗？

《富爸爸穷爸爸》一书里提到，除了B象限的企业家之外，成为I象限的投资者也是成为富人的途径之一。

既然如此，若你现在是普通上班族，上班时间可以充当E象限雇员的角色(当然,最好是承担越来越大的系统的雇员),下班时间还可以从事I象限的事情,也就是"E+I"模式;若你现在是S象限的自由职业者,也可以一边工作,一边从事I象限的事情,也就是"S+I"模式。

另外,对有一技之长的普通上班族来说,还有一种模式可以尝试,即"E+S+I"模式,而这里的S代表副业。在不影响本职工作的情况下,在休息时间你可以继续充当另一个系统里面的"螺丝钉",也可以像自由职业者一样,运转自己的"小系统"(在移动互联网时代,很多自由职业者自己充当着创作、财务、销售等多重角色,从而创造了"小系统"),也可以与他人合作共同创造系统,并逐渐把它做大。

不管怎样,无论你是在E象限,还是在S象限,你都要让你的劳动收入为你生钱,假以时日,让你的钱完全替代你工作,从而实现财务自由。

那么,B象限企业家的系统性思维对我们普通人成为I象限的投资者有什么启发呢?

我们借助布鲁诺提桶与柏波罗建造管道为例,分析一下有投资系统和没有投资系统的人在长期的投资中会表现出哪些差异。

第一,布鲁诺只关心当下的自己有没有体力提桶,一天能提多少桶,而不去关心和思考年老后还能否像年轻时那样提很多桶水,甚至能否提得了水。而柏波罗更加关心长远的事情,他追求的是持续稳定的收益,所以从一开始,他就在思考勘探、设计、施工等要素或环节。

从系统的角度来看,两人的区别在于,布鲁诺是依靠体力这个单一要素赚钱,一旦停止付出体力,便没有了收入,不够安全;而柏波罗是依靠管道这一系统赚钱,他工作时可以赚钱,休息时也可以赚钱，比起布鲁诺安全得多。同样地，我们建造看不见的"投资管道"，即投资系统，不是为了利用某个单一的资产来投资，而是为了充分利用好普通人可投资的各种资产，使其协同合作，在保证资金安全的前提下，追求长期的丰厚回报。

第二，柏波罗建造管道之后，在时间维度上，可以时时刻刻复制同样的事情（不断出水），赚取收入。与此同时，掌握了建造管道的流程、方法之后，在空间维度上，柏波罗还可以在其他村子继续建造管道，赚取越来越多的收入。

同样地，没有投资系统的人的投资是碎片化的、不连续的，无法在时间、空间上进行复制。而具有"投资管道"的人，不仅可以在时间维度上不断复制自己的钱，而且在空间维度上，也可以通过各种途径赚取更多的收入，从而实现财富的指数级增长。

第三，随着时间的推移，柏波罗建造管道的整个过程将更为流程化、标准化。同样地，我们的投资系统也应该符合流程化、标准化的要求，以满足家庭财务管理中的各种需求或应对各种财务状况（环境），能够进行更稳健、快速的决策，不会因为意料之外的情况而束手无策。

很显然，投资系统对一个人能否成为合格的I象限投资者而言至关重要，甚至可以说，对想通过"E＋I"模式、"S＋I"模式、"E＋S＋I"模式实现财务自由的普通人来说，建造"投资管道"是一项必不可少的"工程"。

如何建造你的"投资管道"？

那么，应该如何建造你的"投资管道"呢？我们重新来看看系统是由什么构成的——要素、要素与要素之间的关系，以及功能。此外，系统是否有效，取决于它是否能够满足财务管理中出现的各种需求或应对各种状况（环境）（见图5-3）。

图 5-3　投资系统

第一，要素方面，要了解普通人可投资的资产有哪几大类；每一类资产的基本概念，以及是否还可以进一步分类；每一类资产的主要特点（例如收益性、流动性、风险性等）。

需要强调的是，建造"投资管道"并不意味着要学习金融市场中所有类型的资产，而应从实现财务自由之路必不可少的几项金融资产开始学习。一方面，普通人可投资的资产种类本身并不多；另一方面，每一种金融资产本身就是一个并不简单的系统。普通人建造"投资管道"，不是为了复杂化，而是使其尽可能简单化，并在长期的投资过程中不断复制。就像《富爸爸穷爸爸》中富爸爸说的那样："致富的关键在于让事情变得简单。"

第二，要素与要素之间的关系方面，要了解资产之间的主要区别是什么、有什么相关性（例如，股权资产与债权资产之间或股票资产与货币资产之间的区别和相关性）。与此同时，还要了解每一个资产类型的内部系统中要素或环节之间的相互关系。就以股票投资为例，会涉及通过哪些流程、哪些指标能筛选出好行业和好企业；采用什么指标判断买入和卖出点；买入和卖出之间，投资资金怎样在股票资产与债券资产之间进行转换、协同合作，实现财富的增值。

第三，功能方面，"投资管道"要满足不同的人在财富管理中的各种需求，应对各种状况（环境），并形成流程化、标准化。例如，

拿出多少比例的资金用作日常生活的备用金，该如何持有备用金；不同的资金（例如已有的资金、未来的收入）更适合采用什么样的投资方法，要达到什么样的目的（例如，是长期增值，还是几年后需要一笔钱）等。

总之，我们要清楚"投资管道"在普通人追求财务自由之路，以及长期积累财富中的重要作用，同时也应该意识到"投资管道"就像柏波罗的管道那样，并不是一朝一夕就可以建成的。重要的是，我们要从现在开始建造，并在未来有针对性的学习和实践中不断总结，摸索出适合自己的"投资管道"。

· 第二节 ·

普通人投资离不开的资产：货币、债权和股权

本章的第一节提到了构建投资系统的重要性，它能够解决个人或家庭出现的各种财务问题，帮助实现财富的稳步增长。

那么，接下来我们需要做的就是找出普通人可投资的资产类型（系统内的要素），并详细了解这些资产的基本概念、特点、分类等，在此基础上构建适合自己或家庭的投资系统。

无论你是在追求财务自由的阶段，还是在财务自由阶段，不可或缺的资产都包括货币资产、债权资产，以及股权资产。这些资产各有各的特点，在投资系统内能够很好地形成互为补充的关系，并在长期的投资过程中实现财富的稳步增长。

货币资产，可以看成是现金的替代品，是所有投资品种中安全性

最高的，通常流动性也比较高，但缺点是收益很低。在货币资产中，比较常见的有银行存款和货币基金。

（1）银行存款。

银行存款是储存在银行的款项，是货币资产的重要组成部分，在余额宝、理财通等投资产品普及之前，很多人把钱储存在银行获取利息收入。

银行存款方式主要有活期、定期两种。

活期存款没有固定期限，可以随时取钱，可以由存款人自主决定支取时间，一般来说其利率要低于同期定期存款。

央行有专门规定的活期存款基准利率，各银行在设置自己的活期存款利率时，都是依据央行规定的活期存款基准利率进行适当调整的。

定期存款是银行和存款人约定好存款期限、利率，到期后支取本金和利息的一种存款方式。如果在约定好的日期之前支取，则支取部分的资金只能按照活期利率计算利息。

（2）货币基金。

随着余额宝的普及，人们也慢慢接触到了货币基金这个投资品种。

货币基金投资的是国库券、商业票据、银行承兑汇票等，简单理解就是一年以内的高流动性品种，风险极低，几乎等同于储蓄。

通常，货币市场的投资门槛较高，一般500万起步，所以大部分普通人无法直接参与，而是选择了以购买货币基金的方式参与。

根据万得数据统计，过去10年货币基金的平均收益率在3.4%左右，只是最近几年一直有下降的趋势。以余额宝为例，刚成立时，收益率最高达到过6.76%，而如今在2%以下，但仍高于一年定期的银行存款。

总的来说，货币基金具有高安全性、高流动性、低收益性等特点。正因为如此，货币基金适合短期资金管理和应急资金的配置，你可以将3—6个月的个人或家庭收入投入货币资金，享受相对稳定的收益，同时将这部分资金用于预算内日常生活的开支，以及随礼、看普通小病等预算之外的开支。

债权，可以简单理解为把钱借出去后要回本金和利息的权利。例如，银行定期存款，其实也是银行向我们借钱，承诺支付一定的利息；购买政府或企业的债券，其实就是政府或企业向我们借钱，承诺支付一定的利息。

上面提到的货币市场的投资，其实也属于债权关系，只是几乎没有风险，所以单独列出。

配置货币资产以满足投资系统中的流动性、安全性的要求之后，我们还可以配置一些债权类资产，在牺牲一点流动性和安全性的基础上，追求更高的收益。

（1）银行理财产品。

银行理财产品一般投资收益在3％—5％之间，目前大多数银行理财产品的期限是一年期以内。根据资金量不同、银行的规模不同，整体收益率也是有所不同的。根据《中国银行业理财市场半年报告（2023年上）》，银行理财产品的投资资产中，现金及银行存款占23.7％，债权类资产占比64.98％，以债权类为主。

2018年，央行联合银保监会、证监会、外汇局发布了资管新规，打破了银行理财产品的刚性兑付，意味着保本型理财产品不复存在，取而代之的是净值型理财产品，投资者将自负盈亏。

（2）债券基金。

通过债券基金的名称就能够判断出，债券基金主要投资债券市场。而债券主要分为政府发行债券、企业发行债券,以及金融机构发行债券。

政府发行债券,指政府财政部门或其他代理机构为筹集资金,以政府名义发行的债券,其主要特点是安全性高、收益稳定。政府发行债券可分为国债和地方政府债。

企业债券是企业以借款人的身份发行的一种有价证券,也称为企业信用债券。企业债券的发行主体通常是具备一定规模和信用背景的企业,发行主体要满足监管机构的要求,并通过评级机构评估其信用状况。信用评级是投资者判断债券风险的重要指标之一,高信用评级的企业债券通常具有较低的风险和较低的利率。金融机构发行债券是银行等金融机构作为筹资主体面向个人发行的一种有价证券,它属于银行等金融机构的主动负债。由于国内金融企业的实力较为强大,所以这种债券的风险比非金融企业债券要低。

债券基金是指专门投资于债券的基金,它通过集中投资者的资金,对债券进行组合投资,寻求较为稳定的收益。根据中国证监会对基金类别的分类标准,基金资产80%以上投资于债券的为债券基金。

那么,为什么不建议你直接购买债券,而是买入债券基金呢?

第一,风险较低。个人购买债券,有可能遭受某一债券带来的风险。而债券基金通过对不同的债券进行组合投资,能有效降低单个投资者直接投资某种债券可能面临的风险。

第二,专业团队管理。随着债券种类日益多样化,一般投资者要进行债券投资不但要仔细研究发债实体,还要判断利率走势等宏观经济指标,往往力不从心,而投资债券基金方便省心,还可以享受专业的投资服务。一方面因为资金量大,专业团队可以选择高性价比的债券;另一方面,可以分散投资,极大地分散投资风险。投资对象都是信用相对较高的企业及政府,违约的概率较低。

第三,流动性强。很多债券的流动性差,投资者很可能只有持有到期才能兑现收益。而通过债券基金间接地投资债券,则可以获得很

高的流动性,随时可将持有的债券基金赎回。

可见,与直接投资债券相比,投资债券基金具有诸多优势。

债券基金根据时间的长短,分为短债基金和中长期纯债基金。

短债基金通常投资期限为6—12个月,所以短债基金具有受市场波动影响较小、抵御利率上行风险较强、流动性强、风险低、收益稳健的特点。短债基金从收益性和风险性上高于货币基金,低于中长期纯债基金。从这些特点上看,短债基金堪称货币基金的增强版。

而中长期纯债基金的投资期限为1—5年,相较于短债基金,其对利率更为敏感,一旦银行加息就会直接影响到其预期收益率,而且出现违约的风险更大,因此中长期纯债基金的风险性高于短债基金。

表5-1为2013年1月至2023年7月不同纯债基金指数风险收益对比。短债基金的累计收益率为41.56%,年化收益率为3.64%,最大回撤为−1.24%;中长期纯债基金的累计收益率为55.99%,年化收益率为4.67%,最大回撤为−2.91%。

表5-1 2013年1月至2023年7月不同纯债基金指数风险收益对比

年份	年度涨幅/(%)		年度最大回撤/(%)	
	中长期纯债基金指数	短债基金指数	中长期纯债基金指数	短债基金指数
2013年	0.94	3.54	−2.91	−0.49
2014年	12.61	6.13	−1.49	−1.05
2015年	10.12	5.21	−1.48	−0.21
2016年	1.56	1.15	−2.71	−1.24
2017年	2.15	3.19	−0.59	−0.13
2018年	5.94	5.13	−0.39	−0.14
2019年	4.33	3.49	−0.37	−0.04
2020年	2.84	2.35	−1.75	−0.76
2021年	4.13	3.27	−0.28	−0.16
2022年	2.16	2.14	−1.08	−0.55
2023年	2.35	2.13	−0.13	−0.06

在货币基金的整体收益率越来越低、银行理财不再保本的情况下，短债基金越来越受到投资者们的青睐。根据货币基金、短债基金的特点，可以把短期备用资金（3—6个月的家庭收入）分别投入货币基金和短债基金。需要支出的时候，先从货币基金里支出，需要进一步支出的时候，再从短债基金里支出。

而中长期纯债基金相对短债基金有更大的波动性，风险更大，但是收益更高。根据中长期纯债基金的特点，可以把1—3年后要用的钱投入中长期纯债基金，也可以与股票或股票基金一起做股债的动态平衡（此部分内容将在第七章第三节详细介绍）。

股权和债权相对应，债权是我借你钱，你只需要看我可靠不可靠，我有没有能力还你钱，你不需要管我拿这笔钱投资什么项目，项目风险与你无关，但我得承诺给你约定的利息；而股权要考量项目本身，因为你投资后，就属于股东，盈亏都是自负的。

常见的股权资产有以下几种。

（1）股票。

股票是最常见的股权类投资，我们看好什么公司的发展，或者觉得什么股票有短期投资价值，直接在二级市场买入，达到预期就卖出。

从流动性讲，股票工作日都可以交易，具有很强的流动性。从风险和收益性角度看，股票的长期收益是各大类资产中收益最好的，但风险也相对较高。

（2）股票基金或混合基金。

由于大多数人没有选股能力，所以可以通过投资股票基金或者混合基金的方式参与，由专门的基金经理人操作。

我们大部分人能参与的就是这一类股权投资，背后对应的其实还是股票。但通过公募基金的仓位、规则等限制，我们既能享受股市长期收益，还能分摊个股风险，比较适合普通投资者。

股票型基金，按照投资方式分为主动型基金和被动型基金（指数基金）；而混合型基金，由基金经理在货币市场、债券市场，以及股票市场中进行选择。

（3）其他类型股权投资。

风险投资，一般采用股权形式将资金投入具有创新性的产品或服务的初创型企业。从事风险投资的人员或机构被称为天使投资者，一般由各大公司的高级管理人员、退休的企业家、专业投资家等构成。风险投资被认为是私募股权投资当中高风险的战略，风险投资的主要目的并不是为了取得对企业的长久控制权以及获得企业的利润分配，而在于通过资本的投入，从股权增值当中获取高回报。

私募基金，是一种非公开宣传的，私下向特定投资人募集资金的一种集合投资。其方式基本有两种，一是基于签订委托投资合同的契约型集合投资基金，二是基于共同出资入股成立股份公司的公司型集合投资基金。

相较于二级市场的股权投资，这一类非二级市场的股权投资的门槛比较高，投资信息不公开，监管相对差，风险较高，并不适合绝大多数的普通人。

任何一款投资产品都无法同时实现高流动性、高收益、低风险，存在"投资不可能三角"（见表5-2）。

表 5-2　各种投资产品的特点汇总

投资品种	长期收益率	投资期限	流动性	投资风险
货币基金	低	灵活	高	很低
银行理财	较低	中短	低	较低
短债基金	较低	中短	高	较低
中长期纯债基金	中	中长	高	中
股票基金/混合基金	较高	长	高	较高
股票	高	长	高	高

"全球资产配置之父"加里·布林森有这样一句名言:"做投资决策最重要的是要着眼于市场确定好投资类别。从长远看,大约90%的投资收益都来自成功的资产配置。"

每一款投资产品都有各自的特点,我们需要做的是针对不同的目的,配置适合的投资品种,千万不要错配。

那么,面对这么多的投资品种,这么多需要考虑的因素,该如何配置才能达到目的呢?

有一个原则就是:外层追求安全性、高流动性,内层追求高收益,中间层追求平衡和内外层之间的过渡。通过表 5-2 可以看出,往往投资风险越低,长期收益率越低,投资期限越灵活。因此,外层应该配置的是货币资产,中间层应该配置的是债权资产,内层应该配置的是股权资产(见图 5-4)。

图 5-4　不同资产的配置原则

当然,同类资产不同投资品种之间的特点也不尽相同,其内外的配置关系也要根据投资风险、长期收益率,以及投资期限来决定(见图 5-5)。

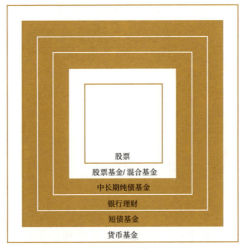

图 5-5　不同投资品种的配置原则

货币基金具有很好的安全性和灵活性，但收益率较低。因此，非常适合用来配置家庭日常生活备用金，大约配置 3—6 个月的家庭收入即可。

短债基金也具有较好的安全性和较好的灵活性，收益率稍高于货币基金。因此，非常适合用来配置家庭日常生活第二备用金，大约配置 3—6 个月的家庭收入即可。

到这里，已经配置完成家庭日常生活的备用金，需要支出的时候，首先从最外层的货币基金账户里取出，当货币基金不足时，再从短债基金账户里取出。

银行理财是较为特殊的投资品种，其投资期限在买入时刻确定，一般为 3 个月、6 个月、1 年或更长时间。银行理财的收益率较稳定，长期收益率稍高于短债基金，与中长期纯债基金相当，但相对来说不够灵活，一旦买入需要等到到期日才能赎回，如果提前赎回，将会产生违约金或者收益降低的惩罚性利息。基于银行理财的特点，可以将其作为内（股权资产）外（货币基金和短债基金）之间的过渡资金使用。例如，当外层的资金不足，但仍需要配置生活备用金时，赎回银行理财的资金买入货币基金或债券基金；当内层需要进一步投入资金时，也可以赎回银行理财的资金投入内层。

中长期纯债基金的安全性和灵活性比起短债基金要差一些，但又好于股票、股票基金或混合基金；中长期纯债基金的长期收益率稍高于短债基金，但又不如股票、股票基金或混合基金。中长期纯债基金的另一个特点是，与股票、股票基金或混合基金在收益率方面存在一定的"跷跷板"关系，非常适合作为平衡股债的资金使用，其资金配比取决于股票市场的估值。

股票基金或混合基金的安全性和灵活性较差，但是长期收益率较高。因此，在配足了外层的各类资金，保证买入股票基金或混合基金的资金长期不使用的情况下，适合用二者来追求高收益。

股票与股票基金或混合基金，在安全性、流动性，以及收益率等方面比较相似，区别在于股票基金或混合基金是由基金经理来选择具体的股票或其他标的，而股票是通过股民自己的选股能力、仓位管理追求更高的收益。所以，在追求财富增值的投资方面，投资股票还是股票基金或混合基金，取决于投资者自己。

· 第三节 ·

财务自由之路上，要懂得与保险"交朋友"

本章的第二节介绍了普通人可投资的、也是较为常见的三种资产——货币资产、债权资产以及股权资产，包括每种资产中较为典型的投资标的的基本概念、主要特点，以及这些投资标的在家庭资产中的配置原则及应起到的作用。

利用这三大资产之间的协同合作，能够很好地解决家庭资产长期的稳定增长以及短期的流动性问题。然而，如果都追求"进攻"，不考虑"防守"，必然会存在重大的隐患，还记得五种基本财商中的"守住你的钱"吗？还记得第一章第四节里提到的小慧的案例吗？

在追求财务自由之路上，如果我们的家庭资产里只配置货币资产、债权资产以及股权资产，意味着面对像小慧这样的意外时，好不容易积累的家庭财富极有可能一夜归零，不仅严重影响了我们实现财务自由的进程，甚至都有可能影响我们的生命安全。从这个角度我们可以看出，尽管货币资产、债权资产、股权资产之间的协同关系看似比较完美，却存在着严重的缺陷。

那么，面对这种关乎家庭财富和个人生命安全的隐患，我们就束手无策了吗？有什么办法可以保护我们的财富和生命呢？答案就是保险，它不仅在我们的三大资产外层增加了一个厚厚的"保护层"，同时还能给我们的生命安全增添一份安全感（见图5-6）。

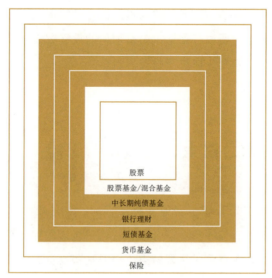

图5-6　家庭资产配置结构

保险主要分为社会保险和商业保险。其中,社会保险指的是养老保险、医疗保险、工伤保险、失业保险和生育保险,是国家强制规定企业为每一位形成劳动关系的员工缴纳的保险,这是国家给予我们的福利,是我们未来生活的基本保障。

与社会保险由企业为员工缴纳不同,商业保险是需要自己缴纳的,这就注定了绝大多数的职场人会有社会保险,但未必有商业保险。本文中提到的保险主要指商业保险。

按照不同的保障对象,商业保险可分为财产保险和人身保险两大类,前者保物(例如车险),后者保人。按照保障内容的不同,人身保险可分为意外险、医疗险、重疾险、寿险等;按照返不返还本金,可分为消费型保险和储蓄型保险。同时,有些保险产品既是重疾险,又是消费型保险,简称消费型重疾险。

首先看一下下面这张2018年全球人身险深度图(见图5-7)。

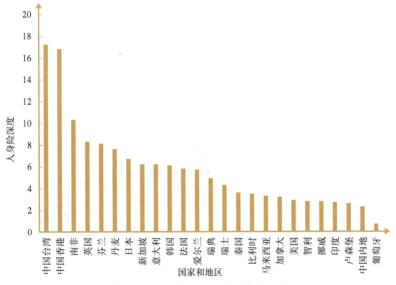

图5-7　2018年全球人身保险深度图

(资料来源:sigma,天风证券研究所。)

保险深度是指保险公司保费收入占国内生产总值（GDP）的比例。一个国家的保险深度与人均GDP、教育水平、社会保障水平、医疗费用支出、人口结构、保险业的发展现状等因素有关。通过上面的图，可以很直观地看出相比于其他国家和地区，我国内地的保险业在整个国民经济中的占比较低。

造成这种现象的原因之一，在我看来是人们对保险的认知度不够。毕竟认知度决定重视度，进而决定行为与结果。由于很多人对保险存在很多认知上的偏差甚至偏见，才会导致不重视保险。

那么，大多数人对保险的感受、理解是怎样的呢？答案是对保险公司的满意度较低（例如保险代理人过于纠缠、保险代理人对合同条款的解释不清楚等）；认为当前我国社会发展稳定，人们的收入逐渐提高，同时很多上班族有"五险一金"作为保障；人们普遍不愿意考虑长远的事情，更不愿意把重大意外、重大疾病、伤残等极端风险与自己或自己的家人联系在一起，进而选择逃避，做到"眼不见，心不烦"……如果只是这种程度的认知，人们自然无法对保险重视起来，即使由于各种各样的原因给自己或家人买了保险，也会大概率买错保险却浑然不知。

那么保险的本质是什么呢？我们应该如何给自己或家人买对保险呢？进一步，保险和我们的投资、我们的财富乃至践行财务自由之路，又有怎样的关系呢？

保险的本质是"人人为我，我为人人"的互助机制，说白了就是"雪中送炭"。举个简单的例子：一共有1000个人，每个人每年出2000元（保费）给自己买了一份保额（保险公司承担的部分）为40万元的重疾险，保险公司一年共筹200万元，如果一年当中其中的4个人得了重大疾病，那么保险公司按照保险合同承担4个人的赔付，共计160万元，剩余的40万元归保险公司所有。在这里，可理解为没有得重大疾病的996人通过保险公司帮助了得重大疾病的4人。

很多人由于对保险的认知度不够,也不够理性,买错了保险。这时候就有必要学习一下下面的"是否购买保险"与"有没有重大意外或重大疾病"的二分法四象限图(见图5-8)。

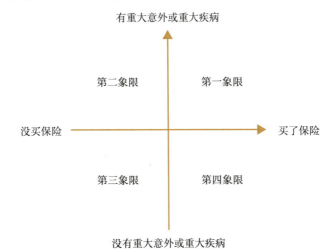

图5-8 "是否购买保险"与"有没有重大意外或重大疾病"的二分法四象限图

最近几年,我在与周围的很多同事、朋友的交流中发现,很多人在决定买不买保险时的心态与思考都体现在上面这张图中。

第一象限(假设买了保险,未来有重大意外或得了重大疾病):尽管出现了重大意外或重大疾病的情况,但好歹还有钱看病和生活。

第二象限(假设没有买保险,未来遇到重大意外或得了重大疾病):还有比这个更悲惨的事情吗?如果预留的现金不够,这不逼人卖基金或股票,甚至卖房吗?

第三象限(假设没有买保险,未来没遇到意外,也没得重病):虽然自己没什么损失,但是总感觉少了点安全感。

第四象限(假设买了保险,但没有遇到意外或没得重病):好事

儿是好事儿，但是怎么总感觉吃了保险公司的亏呢？（因为消费型保险的保费不给退还）

通过这个四象限图，在决定买不买保险的事情上思考得稍微深入一点的一部分人很容易得出买保险是相对划算的结论，毕竟不买保险（第二象限、第三象限）好像没什么好结果，要么是悲惨的结果，要么感觉少了点安全感，于是这部分人决定购买保险。

决定购买保险的人中大部分人又会想：怎么能做到既有钱看病，又不吃保险公司的亏呢？哪怕是少吃点亏也可以啊。正当人们想尽办法之时，发现了一个两全其美的保险产品——如果有重大意外或重大疾病，保险公司将承担保额；如果没有重大意外或重大疾病，若干年后把本金返还给你，甚至你可能还有一部分收益。最终，这部分人做出了当时在他们看来极为聪明的选择，购买了这种保险产品。

说到这里，我们需要了解一下消费型保险与储蓄型保险的区别，以及保险产品的发展历程。消费型保险是如果你花钱购买了保险，到期却没有出险，你花的钱就拿不回来；储蓄型保险则会有一定的保障，而且到期能拿回本金，甚至附带一部分收益。

我们举一个简单的例子来说明一下。其实，保险公司最早开发的是这样一种消费型保险。例如，30岁的张三购买了一份重疾险，每年保费是2000元，需要缴20年，保到60岁，保额是40万元，也就是说如果张三在60岁之前得了重大疾病，保险公司将赔付40万元，如果张三在60岁之前没有得重大疾病，那么其缴付的4万元（2000元/年×20年）保险公司就不予退还。

但由于人们普遍存在侥幸心理和不愿吃大亏的心理，所以很多人不购买这种消费型保险。很显然，保险公司非常清楚人们的心理，于是紧接着推出了另一种保险——储蓄型保险。原来2000元的保费，变成了8000元的保费，如果60岁之前张三得了重大疾病，保险公司将赔付40万元,如果张三在60岁之前没有得重大疾病,那么张三缴付的16万元(8000元/年×20年)本金在他60周岁时给予返还,甚至还有一小部分的收益2万元,共计18万元。

面对上述消费型保险和储蓄型保险,不少人选择了购买储蓄型保险,也就是既有一定的保障,又有部分收益的保险。

殊不知,很多人没有搞清楚的是储蓄型保险是在人们不愿意购买消费型保险的背景(人们不愿吃大亏的心态)下,保险公司采取的一种策略。请看一下下面的表格(见表5-3),了解储蓄型保险的保费构成。(本人只是为了说明消费型保险与储蓄型保险的区别,列举了这样的数据,真实的数额根据保险公司、被保险人的年龄与性别等情况有所差异,但其本质是一样的。)

表5-3 储蓄型保险的保费构成

储蓄型保险的保费	保费的拆分	功能
8000元/年×20年=16万元	其中,4万元用于保障	投保人得重病时,保险公司承担40万元
	其余12万元用于保险公司的长期投资	通过保险公司的长期投资,12万元逐渐生息,最终远超出18万元,假如张三没有得重病,保险公司将返还18万元,赚取其余部分的钱

通过这个表格,我们可以很直观地看出保费中的4万元就是原来消费型保险的保费部分,其余12万元就是为了购买储蓄型保险而多缴付的部分。尽管保费高出了很多,但被保险人的保额依然是40万元,并没有随保费的增加而增加。保险公司并没有把人们多缴付的12万元用于被保险人的保障,而是用于投资,赚取更多的钱。说白了,就是保险公司长时间占用了投保人的钱用于投资获得收益,却只返还比本金多一点的钱。问题是张三到60岁之后拿到的18万元与当

初张三缴付的16万元（从30岁开始每年缴付8000元到50岁）比较的话，是多出2万元了吗？想想现在的18万元比起二三十年前的16万元是多出2万元了吗？储蓄型保险的年均收益率才1.5%—2.5%，还不如余额宝的收益率啊。

当然，对没有投资能力，也没有储蓄能力的人来说，购买储蓄型保险或许是一种还算不错的选择，但对具备较强的储蓄能力，尤其是具备出色的投资能力的人来说，购买储蓄型保险是不划算的选择。对具备一定的投资能力的人来说，正确的做法是购买消费型保险，并留出更多的钱（例如上个例子中多缴付的12万元）用于投资来追求更多的财富。

说到这里，可能有人会有这样的疑问：那我们干脆不买保险行不行呢？这样就可以留出更多的钱用于投资啊。对这个问题，可以明确地回答：不可以。

《中国人身保险业重大疾病经验发生率表》显示，假如你现在30岁，那么未来20年，跟你同龄的人中会有7%的人患重疾或身故；未来30年，会有17%的同龄人躺在病床上面临5年32%的生存率或者身故。

我们再看一下下面的表格（见表5-4）。

表5-4 较常见的大病种类以及治疗康复费用

序号	大病种类	治疗康复费用
1	恶性肿瘤	12万—50万
2	急性心肌梗死	10万—30万
3	脑中风后遗症	10万—40万
4	重大器官移植术或造血干细胞移植术	20万—50万
5	急性或亚急性重症肝炎	4万—5万/年
6	良性脑肿瘤	5万—25万
7	脑炎后遗症或脑膜炎后遗症	3万—5万/年

续表

序号	大病种类	治疗康复费用
8	瘫痪	5万—8万/年
9	严重脑损伤	4万—10万/年
10	严重帕金森病	5万—10万/年
11	主动脉手术	8万—20万/年

可以看出，重大疾病的治疗康复费用非常昂贵。据2016年国家卫健委统计，我国的贫困家庭中有42%是因病致贫或返贫。

如果我们自己和家人足够平安、健康，同时自己还具备很强的投资能力，那么我们的财富完全可以走出图5-9中上面的曲线；但如果我们在财富积累过程中，尤其在财富值还没有达到较大的规模时遇到了重大意外或重大疾病，那么我们的财富值很有可能走出图5-9中下面的曲线。

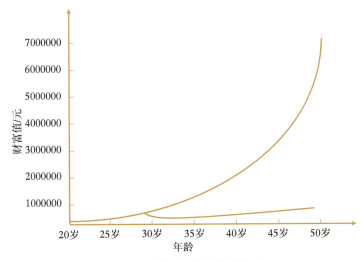

图5-9 保险对普通家庭的影响

为了预防身体和精神上的巨大伤害，以及让我们的财富值走出绿色曲线，我们一定要提前给自己和家人配备足够的保险。建议给儿童

购买医疗险、意外险和重疾险；建议给中年人购买医疗险、意外险、重疾险和寿险；建议给老年人购买医疗险、意外险和防癌险。请记住，尽量购买消费型保险，保险的目的不是用来理财，而是在遇到意外时多一重保障。

※医疗险：可报销社保之外的医疗支出；意外险：补充因意外事故致伤残或死亡带来的损失；重疾险：补偿患重大疾病的治疗费用以及误工损失，包括治疗费用、康复期费用，以及收入补偿；寿险：以人的生命为保障对象的保险，看起来是保命的钱，其实只有死亡后才会进行赔付，所以它不是给自己买的，而是给家人买的。

· 第四节 ·

利用好这5个账户，从此告别混乱的金钱管理

美国著名理财大师乔治·克拉森的畅销书《巴比伦富翁的理财课》中说，古巴比伦有一个金钱定律——金钱会慢慢流向那些愿意储蓄的人。每月至少存入十分之一的收入，久而久之可以累积成一笔可观的资产。

如果你阅读过关于理财、财商方面的书籍，会发现大部分书籍反复强调金钱管理（储蓄、消费、投资等）对长期财富积累的重要性，并指出那些在财富上成功的人都善于管理、运营和创造财富。

曾经的我对金钱管理毫无概念，从未认真关心过金钱的去向，例如一个月储蓄多少钱、多少钱用于日常开支、留存多少钱用于应急、有多少钱用于投资等，可以说对金钱的管理非常混乱。我相信，这也是曾经的我在财务上比较失败的很重要的原因。仔细想想，从不关心、计划和管理金钱，金钱凭什么留在我的身边呢？

说到这里，我想起了物理学中的作用力与反作用力定律，也叫牛

顿第三定律，其基本内容是：物体间的作用力总是相互的，大小相同，方向相反。两个物体间存在这种作用与反作用的关系，人与金钱之间的关系何尝不是这样呢？

美国社会调查研究家托马斯·J.斯坦利从1973年起对大量的富人（以家庭资产超过100万美元为标准）的行为进行调查统计，并于1998年出版了畅销书《邻家的百万富翁：美国富翁的惊人秘密》。这本书中的核心观点是：人们严重低估了金钱管理计划、节俭的生活和长期投资对财富积累的重要性，最终成为百万富翁乃至千万富翁的人中的大部分并不是那些薪水很高、光鲜靓丽、日常高消费的人，而是薪水未必很高，却十分关心金钱流动，制定长期金钱管理计划并坚持不懈、严格执行的人。

既然金钱管理这么重要，那我们应该如何管理金钱呢？很多理财书籍中都提到过与金钱管理相关的一些原则或方法，而我汇总了这些原则和方法并形成了自己的一套体系，而且已执行多年。在阅读过的理财书籍中，高敬镐的《上班赚小钱，四本存折赚大钱》这本书对我建立金钱管理体系帮助最大，感兴趣的读者可以阅读这本书。

图5-10是以夫妇均为上班族的家庭为例设计的金钱管理体系图。下面，对图中涉及的重要概念和相互关系进行说明。

（1）工资卡A/消费卡A（实为一张卡）：本书设定A为男方的工资卡，里面有男方每个月的工资进账和男方的变动支出。这部分资金可暂时买入货币资金，在消费时临时提取。

（2）工资卡B/消费卡B（实为一张卡）：本书设定B为女方的工资卡，里面有女方每个月的工资进账和女方的变动支出。同样地，这部分资金可暂时买入货币资金，在消费时临时提取。

（3）变动支出：可简单理解为单笔数额不是很大（其数额没有严格标准，可根据收入情况、消费习惯自行规定，本书定为300元以

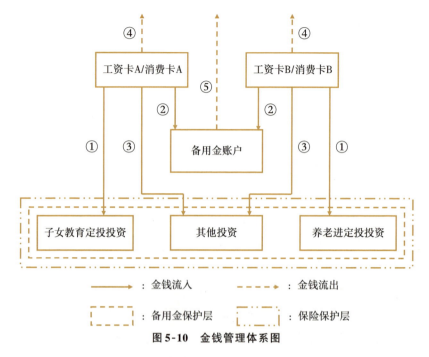

图 5-10 金钱管理体系图

下)但一个月多次支出的费用,例如买菜费、烟酒费、零食费、加油费、打车费、电话费、着装费(300元以内)、书籍或教育费(300元以内)等。需要说明的是,除了各自的零花钱之外,有些变动支出,例如儿童零食费、儿童书籍费、加油费等,可提前商议从哪张工资卡/消费卡里支出。

变动支出部分应设置为多少钱?我建议,夫妇双方先做三个月的记账,取三个月变动支出部分的平均值(或平均值的90%、80%等)作为各自的目标变动支出,一旦形成,短期内请不要轻易变更。当然,可根据收入的变化、物价的变化适当调整。

(4)备用金账户:①用于一年内发生次数较少的支出,例如水电费、物业费、宽带费、房租费或房贷费、各种保险费、旅游费、着装费(300元以上)、过节费等;②计划外的支出,例如随礼费、聚餐费、罚款费、医疗费等。这部分资金可一半买入货币基金，一半买入短债基金，目标是在保住本金的前提下获得一部分收益，以及保持资金的流动性。

需要指出的是备用金账户可由夫妇中的一人管理，一方面，它可以对偶尔超出的变动支出部分起周转作用；另一方面，它还可以对投资资金起到保护作用。建议备用金账户至少留存6—12个月的家庭总收入，如果某一个月的收入用于变动支出部分的周转，那么下个月拿到工资收入后要及时补充进备用金账户。

（5）子女教育定投投资：为子女未来教育费用所做的定投投资。在正式投资之前，要根据未来所需要的费用、剩余的时间，以及投资标的的长期收益率，计算每个月定投的资金金额。这部分定投金额一旦确定，每个月拿到工资收入后，第一时间强制完成定投。从哪张工资卡里完成定投，夫妇之间可商议后确定。

（6）养老金定投投资：很多上班族退休之后收入会减少，但消费支出并不会减少，尤其是医药费部分会增加，所以年轻时要提前制定好养老定投计划，并每个月强制执行。同样地，要根据未来资金目标、剩余的时间，以及投资标的的长期收益率，计算每个月定投的资金金额。从哪张工资卡里完成定投，夫妇之间可商议后确定。

对子女教育定投投资和养老金定投投资，建议做指数基金的定投。对投资能力一般且追求稳健的投资者来说，可选择指数基金（例如上证50、沪深300）的定投，根据历史统计，其长期收益率在10%左右（若采用指数基金优化策略，可提高2%—3%的收益率）。

另外，需要进一步说明的是，准备子女教育资金以及养老资金是相对来说比较重要的事情，因此我在本文中只列了这两个长期定投计划，读者可根据实际情况或未来的梦想，增加其他目的的长期定投计划。

（7）其他投资：暂时没有具体的目标，为了家庭财富增值而做的投资。对这部分的投资，可根据自身的投资能力选择投资标的和投资方法，例如可选择股权资产与债权资产的动态平衡投资法（方法将在第七章第三节详细介绍）。

（8）备用金保护层与保险保护层：子女教育定投投资、养老金定投投资，以及其他投资，主要以投资股票、股票基金、债券基金为主，对这种短期内不够稳定，但追求长期增值的投资，一定要保护好其投资资金。为此，要设置双层保护，内部设置备用金保护层，主要解决日常生活中消费卡不够支出的费用；外部设置保险保护层，通过每年保费的支出，把各种重大意外或重大疾病导致的风险转移给保险公司，从而保护投资资金不会因为各种意外或突发事件而被动用。

最后，对资金的流入顺序，以及其他注意事项做进一步补充说明。

（1）当夫妇双方获得工资收入之后，马上完成第一个步骤，即完成子女教育定投投资和养老金定投投资，这是强制的、必须的。

（2）留存各自的消费资金之后，看备用资金账户是否需要补充，若需要补充，第二个步骤是用工资把这部分缺口补上；若仍有剩余的资金，就把这部分资金放入"其他投资"账户里，让这部分资金开始"钱生钱"；若备用资金账户的缺口较大，要分几个月逐渐补充，直到把这个缺口完全补上。

（3）若某一天赚到了工资收入以外的钱，而且是数额不菲的钱，例如年终奖金、销售奖金等，先看备用资金账户是否需要补充，若需要补充，就把缺口补上；若不需要补充，就把这笔钱放入"其他投资"账户里，让这笔钱开始"钱生钱"。需要特别说明的是，一定要根据整体股市的估值，决定多少比例的钱投资股票，多少比例的钱投资债券基金或银行理财产品。

（4）短期投资时，保住投资本金更重要，因此要投资不会损失本金的货币基金、银行理财产品或风险较小的债券基金；长期投资时，追求长期的增值更重要，投资虽然短期风险比较大，但可以获得长期更高收益的股票类资产。

（5）至少一个月对家庭所有资产进行一次计算与总结，不要嫌麻烦，现在的"小麻烦"是为了避免未来"大麻烦"的发生。况且，你极有可能会发现家庭财富值在不断增加，从而从这些"小麻烦"中获得无穷的快乐和满足感。

人生需要规划，财富需要打理。

第六章 普通人能轻松上手的股票投资方法

第一节

股票投资的底层逻辑是什么？

做任何事情，若遵循其底层逻辑，就会少走很多弯路，我们做股票投资也需要掌握并遵循其底层逻辑。什么叫底层逻辑？按照百度百科的解释，是指从事物的本质出发，寻找解决问题路径的思维方法。而刘润老师所著的《底层逻辑》一书给出的解释是，底层逻辑是事物间的共同点，是不同之处中的相同之处、变化之后不变的东西。

尽管两种解释的用词有所区别，但我们能够体会得到底层逻辑是一个根基性概念，就像建筑物的地基一样。不管地面上建筑物的外观如何，它始终都有一个长期不变的地基，而且地面上千变万化的建筑物，都是从地基开始一点点建造起来的。这意味着当我们从底层逻辑出发研究事物的时候，就更容易了解、推演、解释事物的各种现象，从而更好地解决相关的问题。

在探讨投资的底层逻辑之前，我们先了解一下人们做投资的目的是什么。不难理解，在"投资"这个词中，"投"是投入的意思，"资"是财物、钱的意思，所谓投资，就是人们投入某种资源并期待在未来获得更多的资源。

显然，从投资的概念出发，人们在金融市场上，甚至在任何一种需要投入金钱的项目上，目的都是一样的——期待投入的金钱带来更多的金钱。然而，期待是一回事，能不能做到是另一回事，若想通过投入金钱获得更多的金钱，必须掌握并遵循投资的底层逻辑。

那么，投资的底层逻辑是什么呢？其实，所有的投资都离不开概率和盈亏比的问题，我们举个例子说明一下。

假如，某一家赌场有掷骰子游戏，如果你掷出1、2、3、4、5中的任何一点，庄家给你12元；如果你掷出6点，你给庄家66元。请问，你会参与这种游戏吗？

我在平时的分享及线下的课程中，向很多人问过这个问题，有近一半的人回答不会参与。其实，决定要不要参与，最为理智的做法是算一笔账，而不是凭感觉拍脑袋决定。

此处涉及一个非常重要的概念——数学期望值。在概率论和统计学中，数学期望值是指试验中每次可能的结果乘以其结果概率的总和。

在上面的游戏中，掷出1点的概率为1/6，你盈利12元；掷出2点的概率为1/6，你盈利12元；掷出3点的概率为1/6，你盈利12元；掷出4点的概率为1/6，你盈利12元；掷出5点的概率为1/6，你盈利12元；掷出6点的概率为1/6，你亏损66元。你的数学期望值＝1/6×12元＋1/6×12元＋1/6×12元＋1/6×12元＋1/6×12元＋1/6×（－66）元＝2元＋2元＋2元＋2元＋2元－11元＝（－1）元。

反过来，庄家的数学期望值＝1/6×（－12）元＋1/6×（－12）元＋1/6×（－12）元＋1/6×（－12）元＋1/6×（－12）元＋1/6×66元＝（－2）元－2元－2元－2元－2元＋11元＝1元。

通过计算，我们可以更加直观地看到，数学期望值是考虑到每一种情况出现的概率及其结果后的综合平均值，数学期望值也许与每一种结果都不相等，就如上面的例子中，你和庄家的数学期望值分别是－1元、1元，但掷出1、2、3、4、5、6点中的任何一点，其单次的输赢并不是1元，要么你赢12元，要么你输66元。

进一步说，尽管在理论上出现1、2、3、4、5、6点的概率都是

1/6，但是你会发现，当玩的次数很少的时候，每种点数最终出现的概率与理论上的概率并不完全一致，例如，玩10次的时候，或许会出现某种点数掷出4次的情况，其最终出现的概率（40％）远远超出理论上的概率（1/6≈16.67％），甚至还会出现某种点数一次都没有掷出来的情况，其最终出现的概率（0％）远远低于理论上的概率（1/6≈16.67％）。

也就是说，理论上的概率在试验次数极为有限时会出现暂时失效的情况，然而试验的次数越多，每种点数最终出现的概率就越接近理论上的概率值。

在上述例子中，当你掷600次骰子的时候，1、2、3、4、5、6点每种点数最终出现的概率均在1/6左右，每种点数出现的次数在100次左右，（出现1、2、3、4、5点）庄家需要给你500×12元＝6000元，（出现6点）你需要给庄家100×66元＝6600元，最终你会输掉600元。其实，这与从数学期望值角度出发进行计算的结果是一致的，即你的数学期望值×玩的次数＝－1元×600＝－600元，庄家的数学期望值×玩的次数＝1元×600＝600元。

显然，看似你赢的次数（概率）与庄家赢的次数（概率）之比为5∶1，差距较大，但由于你和庄家之间的盈亏比为12元∶66元＝1∶5.5，差距更大，如果你长期玩下去，你可能会输得越来越多。

当你和庄家之间的数学期望值一致（都是0）的时候，长期玩下去就显得没有意义了，因为理论上只会成平手，代价却是双方浪费了包括时间在内的各种成本。

从这个角度来说，以盈利为目的的庄家，绝不可能让双方的数学期望值一致，要么在骰子上做点手脚，让有利于自己的结果出现的概率更大，要么在盈亏比上做文章。其实，不仅仅是这种掷骰子游戏，几乎所有与庄家对决的赌局，只要继续玩下去，其结局都是注定的，那就是输。

再进一步,从数学期望值的概念,我们就能够清晰地知道什么叫投资,什么叫投机。

你明知道你的数学期望值小于0,甚至根本都不知道数学期望值的时候,仍要参与,这就是投机;而真正的投资是通过大量的研究,做到心中有数,让自己获利的数学期望值远大于0,在长时间、大量的参与中,让大数定律发挥作用,从而获得稳定的收益。

顺着这个思路仔细琢磨就会明白,股票投资也会涉及概率与盈亏比的问题。只是股票市场并不像上面的掷骰子游戏那样,股票市场里很多信息是不明确的,你无法精确地知道企业的整体状况及其变化趋势。

不难理解,当我们对股票的研究越系统、越深入的时候,我们越能够筛选出在未来一段时间内股价上涨的概率大且上涨的空间(盈亏比)大的股票;与此同时,还能够发现不具有投资价值,股价大概率下降且下降空间还很大的股票,从而避免亏损。也就是说,选择股票是通过对企业基本面、估值面的研究不断提高盈利数学期望值的过程。其中,企业基本面对应的是其价值长期上涨的概率,企业的估值面对应的是盈亏比。

为什么很多人在股市中亏损?很重要的原因之一是他们没有算清企业价值长期上涨或下跌的概率,也没有盈亏比的概念,却跟那些已经计算得明明白白的少数人去博弈。

在我看来,在诸多表示股价的公式中,最能代表股票投资底层逻辑的公式是 $P=EPS\times PE$。这个公式能够解释股票投资里的很多现象,更为重要的是,它能为我们指明做好股票投资的思路和方向。

在这个公式中，P（Price）为企业的股价；EPS（Earnings Per Share）为企业的每股盈利，又称每股税后利润，指税后利润与股本总数的比率，是普通股股东每持有一股所能享有的企业净利润或需承担的企业净亏损；PE（Price Earnings Ratio）为市盈率，也称"市价盈利比率"。

用公式表示，市盈率 $= \dfrac{企业总市值}{企业近期盈利} = \dfrac{每股价格}{每股盈利}$。

下面，举个例子说明一下 P、EPS、PE 三者之间的相互关系。

首先介绍一下什么是净利润（见图6-1），净利润是指利润总额中按规定缴纳了所得税之后企业的利润留存。净利润是一家企业经营的最终成果，它是衡量一个企业经营效益的主要指标，净利润多，企业的经营效益就好；净利润少，企业的经营效益就差一些。

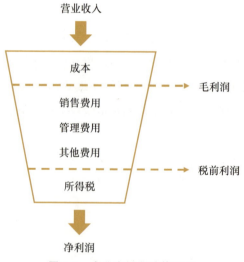

图6-1 企业净利润计算过程

假设有一家企业总股本为1万股，过去一年的净利润为10万元（意味着每股盈利为10元），假设这家企业整体转让的价格（相当于股票市场上的市值）为100万元（意味着每股价格为100元）。

那么，市盈率＝$\dfrac{\text{企业总市值}}{\text{企业近期盈利}}$＝$\dfrac{\text{每股价格}}{\text{每股盈利}}$＝$\dfrac{100元}{10元}$＝10。

通过计算可以得出，当这家企业的净利润保持恒定（意味着EPS的增速为0）时，买家投入的100万元需要10年才能够回本。从这个关系中可以得出很重要的结论：市盈率的大小在一定程度上反映了买入一家企业的股票价格的高低，市盈率低，意味着收回投资资金的时间短；市盈率高，意味着收回投资资金的时间长；从净利润的角度来说，投资一家企业后，其净利润越大，回本速度越快。

进一步假设，当这家企业的净利润以10%的速度增长的时候，人们在市场上愿意以更高的价格（例如150元/股）买入。尽管买入时候的市盈率＝150元/10元＝15，但是由于企业的每股盈利不断增长（买入后，每股盈利第1年到第10年分别为11.0元、12.1元、13.3元、14.6元、16.1元、17.7元、19.5元、21.4元、23.6元、25.9元），在第9年的时候总盈利达到149.3万元，基本收回当初的投资资金，更为重要的是，每股盈利的绝对值越来越大，意味着后期的收益会越来越可观。从这里又可以得出很重要的结论：在净利润与市盈率的关系中，净利润是源头，净利润的增长影响着市盈率的大小，即对企业股票的报价，反映的是人们对这家企业的预期——对企业净利润的增长持越乐观的态度，人们越愿意用更高的价格买入；反过来，对企业净利润的增长持越悲观的态度，人们越不愿意用高价买入。

以白酒行业为例，在2012—2013年期间，白酒行业出现了塑化剂超标的"黑天鹅"事件，整个行业的业绩下滑，同时人们对白酒行业持悲观的态度，导致很多白酒企业的市盈率下降到8—10，形成了业绩和估值双降的"戴维斯双杀"。然而，白酒行业的业绩经历了短暂的下滑之后，很快重新恢复过来，在净利润快速增长的同时，人们对白酒行业的期待（PE）也重新恢复，形成了业绩和估值双升的"戴维斯双击"（见图6-2）。

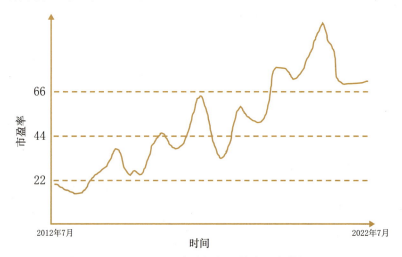

图6-2　2012—2022年白酒行业的市盈率变化图

（数据来源：芝士财富。）

这里说明一下"戴维斯双杀"和"戴维斯双击"的概念，它们是戴维斯家族提出的，主要讲的就是股票价格波动和投资人心理预期之间的双重效应。

戴维斯双杀，是指在企业市盈率高（PE较大）且未来业绩有可能出现下滑（EPS下降）之前买入股票，当企业业绩下滑，导致市场给出的估值预期下降的时候，加速亏损，即EPS（↘）×PE（↘）=P（↘↘）。

戴维斯双击，就是在企业市盈率低且处于一个朝阳行业或者未来具有发展潜力的时候买入股票，在企业业绩不断上涨的同时，市场给的估值也会上涨，形成双重效应，获得超额的双倍收益，即EPS（↗）×PE（↗）=P（↗↗）。

显然，要做好股票投资，我们首先要研究企业的基本面，分析一家企业净利润的增长是否长期看好,若不看好,其PE即便现在看似在低估区域,未来也不会大幅上涨,因为随着企业净利润的下降,PE的估值中枢区域也在不断下降。

一家企业包括净利润在内的基本面会受到很多方面的影响,比如宏观经济状况(直接决定人们的口袋里是否有钱)、行业政策(直接决定行业发展前景)、行业技术变化、企业本身的经营能力等,面对股票市场中的各种信息,人们的解读千差万别,导致的结果是人们的情绪忽高忽低,在短期内交易的价格相差很大。对这种"情绪"不稳定的股票市场,巴菲特的导师、享有"华尔街教父"之称的本杰明·格雷厄姆在著作《聪明的投资者》中将其形容为"市场先生"。

本杰明·格雷厄姆的"市场先生"的寓言故事说的是:假设你在与一个叫市场先生的人进行股票交易,每天市场先生一定会提出一个他乐意购买你的股票的价格或将他的股票卖给你的价格。市场先生的情绪很不稳定,因此,在有些日子市场先生很快活,只看到眼前的美好,这时市场先生就会报出很高的价格,而在有些日子,市场先生却相当懊丧,只看到眼前的困难,报出的价格很低。

在P、EPS、PE三者中,EPS的数据每季度会进行一次更新并公布,然而企业的P值在股票市场时时刻刻发生着变化。尽管长期来看PE的大小会受到EPS的影响,然而短期来看,股价的变化取决于人们的情绪。

根据这些关系,股票市场衍生出了各种投资流派,例如,价值投资派更加注重对企业基本面的研究,喜欢寻找未来EPS增长空间足够大且PE合理或被低估的企业,并长期持有该企业的股票,在PE很高的时候卖出,他们赚的是企业EPS长期上涨和PE上涨的钱。由于企业基本面的更新较慢,这个流派的投资者注定是长期主义者,可以持有一只股票长达三年、五年,甚至十年、几十年。再比如,技术投资派认为人们的情绪或股价走势的变化是有规律可循的，所以他们几乎不关心企业的基本面，而是研究人们的情绪变化导致的股价的变化趋势，与价值投资派普遍长期持有一只股票不同的是，由于人们的情绪时时刻刻发生着变化，技术投资派注定是短线操作者。

价值投资派和技术投资派之间没有好坏、对错之分，适合自己的才是最好的，只是我更愿意像巴菲特、查理·芒格、戴维斯、费雪等著名投资大师一样成为一个长期主义者，不仅在股票投资方面，还有自我成长方面。

不难看出，若选择了价值投资派，至少需要做好两大方面的研究，一方面对企业的基本面进行研究，分析和判断哪家企业未来的EPS有很大的上涨空间；另一方面对企业估值面进行研究，看当下企业的估值大致在什么区域。

股票市场不可能做到百分之百盈利，我们做股票研究，就是为了找到确定性（概率）大且盈亏比大（未来PE上涨空间大）的企业，然后通过大数定律，在长期不断重复的过程中稳定获利。

·第二节·

怎样判断一只股票有没有投资价值？

很多投资者在研究股票（企业）的时候，会对三张财务报表（利润表、资产负债表、现金流量表）进行分析，通过对ROE（净资产收益率）、毛利率、净利润增长率等一些重要财务指标的比较，筛选出若干只财务数据还不错的股票，根据PE等指标对股票进行估值之后，在相对低价的时候买入。

采用这种选股买入方法的人，相较于从不研究股票，只是到处打听或凭感觉买入的人，已经做得非常不错了，起码仍算是投资，而不是在投机。

然而，如果对股票的研究只限于对财务指标的分析，会出现在关键指标下滑或一些财务数据异常的时候，股价已经跌了很多的情况。

例如，1993年在港交所上市的某服装业巨头企业，在2002—2008年期间营业收入和净利润平均增长率分别达到了26%和35%，其股价也不断创新高。然而，到了2009年2月，该企业首度披露财务关键指标下滑的时候，股价早已从两年前的最高点跌了62%。

其实，这也不难理解。首先，每期的财务报表统计的是过去一段时间的业绩或状态；其次，当财务报表发布的时候，又过了一段时间（比如，很多上市公司大约在第二年三四月的时候，发布上一年度的财务报表）。所以看得见的财务数据永远滞后于看不见的实际基本面的变化趋势。

那么，财务报表起什么作用呢？

资深资产管理师、知名投资人唐朝老师有一本书叫《手把手教你读财报》，其副标题就是"财报是用来排除企业的"。也就是说，面对上千家上市公司，我们可以通过对重要财务数据的分析和比较，排除掉不符合优秀标准的企业。当然，在这样选股的过程中，也一定会漏掉一些过往业绩优秀的企业（因为优秀的企业也不是每一个财务数据都很完美），以及未来会变得优秀的企业。

既然我们研究企业的目的之一是不断增加投资的确定性，这就意味着我们要从多个角度去研究企业，其中的一个角度是，相较于过去业绩差的企业，我们相信过去业绩优秀的企业未来大概率仍然好于前者。就像在一个班里，一直考90分以上的学生，在下一次的考试中考90分以上的概率，大于在之前的考试中成绩较差且发挥非常不稳定的学生。

不难理解，一家企业要发展，要保持良好的净利润增长趋势，其所处的大环境要有利于企业的发展。因此，至少要从国家宏观发展趋势、行业现状与发展趋势，以及企业自身的基本面等方向去了解。

也就是说，我们可以通过财务报表把那些过去业绩优秀的企业筛选出来，然后从宏观面、行业面、企业面等方面，自上而下进行更深层次、更全面的分析，最后筛选出少数有投资价值的股票。选股研究思路如图6-3所示。

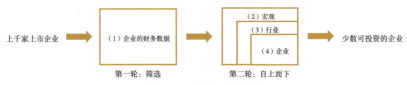

图6-3　选股研究思路

通过这种较为系统的方法来筛选股票，不仅可以提高通过一只股票盈利的概率，而且有助于筛选出盈亏比（上涨空间与下跌空间之比）较大的股票（因为你对企业越了解，越有助于你了解企业的实际价值，继而与实际估值进行比较，得出盈亏比）。也就是说，不断深入研究股票的过程，就是不断找出数学期望值较大的股票的过程。

◇

三大产业划分是世界上较为常用的产业结构分类，我国的三大产业划分是：

第一产业指农业、林业、畜牧业、渔业。

第二产业指采矿业，制造业，电力、热力、燃气及水生产和供应业，建筑业。

第三产业指服务业，即除第一产业、第二产业以外的其他国民经济行业，范围比较广泛。

三大产业的划分大致按照国民经济行业分类门类的顺序依次归

类，其中，比较特殊的是，将A门类"农、林、牧、渔业"中的大类"05农、林、牧、渔专业及辅助性活动"、B门类"采矿业"中的大类"11开采专业及辅助性活动"，以及C门类"制造业"中的大类"43金属制品、机械和设备修理业"三个大类界定为第三产业。

从2011—2021年国内生产总值（GDP）结构（见图6-4）来看，我国第一产业和第二产业产值占GDP的比例大体呈下滑趋势，而第三产业产值占GDP的比例呈上升趋势。

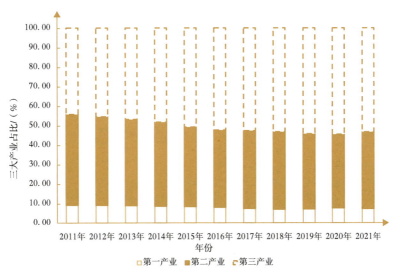

图 6-4　2011—2021 年国内生产总值（GDP）结构

（数据来源：国家统计局网站。）

很显然，从三大产业的结构变化趋势来看，我们要尽量选择比重不断增加的第三产业的股票。

对行业，至少要进行以下内容的研究：行业的分类、国家的相关政策、行业在生命周期中所处的阶段、行业未来发展空间、行业的市场集中度、行业内上中下游关系等。当然，除了这些内容之外，还可以根据需要，进一步加深对行业的研究。

（1）行业的分类。

A股上市公司已经超过5000家，作为个人投资者，想要全面了解A股，把握投资主线，需要从整体上对市场有一个较为清晰的行业分类思路。

行业分类思路有很多，例如2017年6月30日由国家市场监督管理总局和国家标准委联合发布的《国民经济行业分类》（GB/T 4754—2017）。

此外，还可以借助一些其他的分类标准，比如申万行业分类，它是申银万国证券股份有限公司对行业的划分方法，从投资管理的角度出发，同时考虑实际的研究需要，划分出申万一级行业、二级行业、三级行业。

2021版申万行业分类总共有31个一级行业，134个二级行业，346个三级行业。

（2）国家相关政策。

股票的研究过程是在不确定的世界里不断提高确定性的过程。显然，我国的各种政策、规划落地的确定性是非常大的。

"五年规划"是中国国民经济计划的重要部分，属长期计划，主要对国家重大建设项目、生产力分布和国民经济重要比例关系等做出规划，为国民经济发展远景规定目标和方向。从对规划及阶段性政策的解读中，我们能够发现国家大力支持的方向，而处在这个方向内的行业和企业无疑是处于"风口"的。

分析一个新政策时，要了解它会影响到哪些细分行业，未来哪些行业会受益。股票投资要做的是顺势而为，而不是逆流而上。

（3）行业生命周期。

行业的生命周期指行业从出现到完全退出社会经济活动所经历的时间。行业的生命周期主要包括四个发展阶段：初创期、成长期、成熟期、衰退期（见图6-5）。

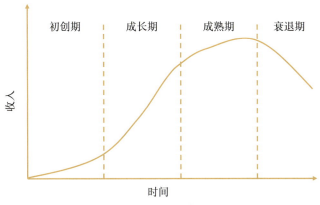

图6-5 行业的生命周期

每个生命周期的表现和特点如下：

① 初创期：产品尚未成熟，行业利润率比较低，市场增长率比较高，需求增长很快，技术变动也很大。企业致力于开发新用户、占领市场，但此时技术上有很大的不确定性，企业进入壁垒也比较低。

② 成长期：需求高速增长，技术趋于稳定，行业特点、行业竞争状况及用户特点比较明朗，产品品种及竞争者的数量增多，企业进入壁垒明显提高。

③ 成熟期：市场增速已经变缓，需求增长率不高，产品、技术、产业组织等已经成熟，行业特点、行业竞争状况及用户特点非常清楚和稳定，盈利能力下降，新产品和产品的新用途开发更为困难，行业进入壁垒很高。

④ 衰退期：行业生产能力出现过剩情况，替代性产品充斥市场，市场增长率严重下降，需求下降，产品品种及竞争者数目减少。

那么，我们该如何判断一个行业处在生命周期的什么阶段呢？

① 自我经验判断法：如果一个产品的普及率已经很高，那么它可能处于成熟期甚至衰退期。

如果一个产品用的人很少，而你又认为未来用这个产品的人应该会越来越多，那么它可能处于初创期或者成长期。

例如，新能源汽车、元宇宙等，最近几年，你会发现通过各种途径听到、看到这些概念的机会越来越多，那么这些产品极有可能处于初创期；空调、冰箱、抽油烟机等，这些产品人们已经用了很长时间，几乎每个家庭都在用，而且会一直用下去，这些产品至少在短期内不会减少或消失，那么它们极有可能就处于成熟期；随身听、BP机、收音机等，你会发现用这些产品的人越来越少，更为重要的是它们的替代品用起来更为方便、功能更全，那么这些产品极有可能处于衰退期。

② 营业收入增长率判断法：营业收入增长率指行业营业收入增加额在上一年度营业收入总额中所占的比重，是评价行业成长状况和发展能力的重要指标。

营业收入增长率可以用来判断行业发展所处的阶段。一般来说，如果营业收入增长率超过10%，说明行业处于成长期，将在一段时间内继续保持较好的增长势头；如果营业收入增长率多年保持在5%—10%之间，说明行业已经进入成熟期，不久将进入衰退期；如果营业收入增长率低于5%，甚至出现负增长，说明行业进入衰退期，正在逐渐走向衰落。

③ 市场渗透率判断法：市场渗透率是现有需求量与潜在需求量之比。例如，某个产品在2023年销售了30万件，预计30年后达到市场的饱和，每年的销售量稳定在100万件，那么现阶段该产品的市场渗透率是30%。

也就是说，它反映的是未来的市场空间，以及成长所持续的时间。一般来说，市场渗透率低于10%时，处于初创期；市场渗透率大于10%之后，发展速度加快，进入高速增长期，处于成长期；市场渗透率达到50%的时候，行业进入成熟期；到了后期，其产品逐渐被淘汰，没有市场需求了，进入衰退期。

此外，需要说明的是，建议将以上三种方法综合起来使用，这样能提高准确判断的概率。与此同时，我们还要调查了解市场变化的原动力是什么，是什么样的变化导致了市场的变化，这些原动力包括但不限于：人均GDP的变化、科技发展的趋势、社会发展的趋势、国家政策的导向等。

（4）市场集中度。

市场集中度是体现市场结构的最基本的指标，用CR_n表示行业中市场份额前n名的企业份额之和，它体现了市场的竞争和垄断程度。

例如，有A、B、C三个行业，其中A行业内的前三名企业的年销售收入之和占到行业总体的20%（$CR_3=20\%$）；B行业内的前三名企业的年销售收入之和占到行业总体的50%（$CR_3=50\%$）；C行业内的前三名企业的年销售收入之和占到行业总体的70%（$CR_3=70\%$）。

这说明这三个行业的内部结构完全不同，A行业的市场集中度并不高，参与竞争的企业很多，但没有哪一家企业脱颖而出；B行业的市场集中度比较高，行业前几名的企业具备某种优势，逐渐在市场中脱颖而出；C行业的市场集中度很高，少数企业几乎垄断了市场。

结合行业生命周期，通常情况下，从初创期到成长期、成熟期，市场集中度逐渐升高（见图6-6）。

在行业的初创期，不确定性很大，无法判断该行业的未来发展趋势，也无法判断在行业内哪家企业会经过激烈竞争逐渐建立优势，所以做股票投资的时候，要尽量避开处在行业初创期的企业。

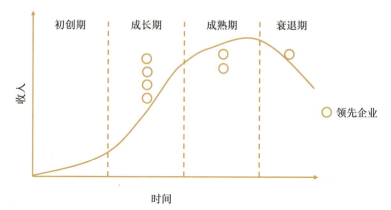

图6-6 行业的生命周期与市场集中度关系

在行业的成长期，一方面整个行业在快速增长；另一方面，少数企业在这个阶段表现更为出色，逐渐占据了较高的市场份额，而且其优势越来越明显。从这个角度来说，处在行业成长期同时逐渐表现出优势的企业，是股票投资的理想选择（从股票投资的底层逻辑来看，这样的企业可以理解为盈利的概率较大、盈亏比很大的企业）。

在行业的成熟期，尽管整个行业的增速没有成长期高，但由于极少数企业占据着很高的市场份额，因此处在行业成熟期同时已经占据垄断地位的企业也是股票投资的可选项之一（从股票投资的底层逻辑来看，这些企业可以理解为获胜的概率很大、盈亏比较大的企业）。

在行业的衰退期，尽管市场集中度很高，个别企业占据着垄断的地位，但整个行业的利润增长率逐渐下降，因此做股票投资的时候，也要尽量避开处在行业衰退期的企业。

◇

对企业则至少要进行以下内容的研究：企业在行业产业链条上的位置、管理团队水平如何、主要经营的业务有哪些、近几年的规划是什么、核心竞争力是什么、是否有好的财务表现等。与行业一样，除了这些内容之外，还可以根据需要，进一步加深对企业的了解。

（1）企业的产品或服务在行业产业链条上的位置，是上游、中游，还是下游（见图6-7）。

图6-7　行业内的（简化版）产业链条

其实，一个行业的产业链条远远比这种线性关系复杂得多，但我们至少要了解企业的主营业务在产业链上的什么位置，因为很多时候，所在的位置决定了利润的高低（见图6-8）。

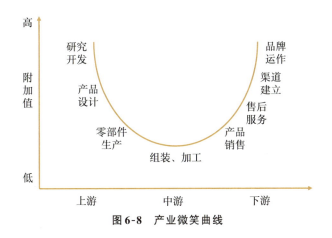

图6-8　产业微笑曲线

1992年，宏碁集团创始人施振荣先生为了"再造宏碁"，提出了著名的"微笑理论"。

该理论指出，世界上绝大多数高利润产业链都遵循这样一个规律，即价值最丰厚的区域集中在价值链的两端——研发和市场。没有研发能力就只能做代理或代工，赚一点辛苦钱；没有市场营销能力，再好的产品，产品周期过了也只能当废品处理。

当然，并不是所有的行业的产业链都是这样，但我们在研究企业的过程中需要有意识地了解企业在产业链上的位置。

（2）企业的财务表现。

评价一家企业至少要看五个维度（盈利能力、成长能力、运营能力、偿债能力、排雷指标）的表现，对反映这五个维度的数据，不仅要看绝对值，而且还要与行业内的其他企业进行横向比较。

① 衡量企业盈利能力的指标。

ROE（净资产收益率）＝净利润/净资产（所有者权益）×100%

ROE反映的是股东权益报酬率，是评价股东权益财务状况的重要指标。可以理解为，股东每投一元钱，可以获得多少净利润。所以，净资产收益率越高，代表盈利能力越强，说明这家企业非常具有竞争力。

巴菲特选股票时，最看中ROE指标，要求至少大于15%。

ROA（总资产收益率）＝净利润/总资产×100%

ROA是分析企业盈利能力时一个非常有用的指标，其高低直接反映了企业的竞争实力和发展能力，也是决定企业是否应举债经营的重要依据。

ROA与ROE一起分析，可以根据两者的差距来判断公司经营的风险程度。ROA除了反映企业的盈利能力之外，还能够反映资产运用效率和资金利用效果之间的关系；反映企业盈利的稳定性和持久性，确定企业所面临的风险；反映企业综合经营管理水平的高低。

毛利率＝（营业收入－营业成本）/营业收入×100%

毛利率的公式里有两个核心：营业收入和营业成本。所以，毛利率反映的是一些原材料经过生产转换内部系统以后增值的那一部分。

通常情况下，一家企业的毛利率高于同行业其他企业的时候，该企业极有可能存在某种优势。

净利率＝净利润/营业收入×100％＝（营业收入－营业成本－销售费用－管理费用－财务费用－研发费用－所得税）/营业收入×100％

在营业收入的基础上，除去直接成本，剩下的部分还不能完全算作企业的利润，接下来还要除去销售费用、管理费用、财务费用、研发费用，以及所得税等，剩下的才是企业的净利润。

从公式中我们也可以得出，企业创造利润，不仅要增加营业收入，还要控制好各种费用。所以，在同行业内生产相同或类似产品的两家企业，在毛利率相差无几的情况下，净利率更高的企业管理能力更强，尤其是如果一家企业净利率逐渐提高，说明企业为股东节省成本的能力逐步增强。

净利润现金流比率（净现比）＝经营性现金流/净利润

很多企业在造假的时候会在利润表里做手脚，得出一个虚报的净利润。而经营性现金流是企业在日常经营中的现金流入与流出之差，这个指标不太容易人为调节，因此当净现比大于1或差不多等于1的时候，我们才认为净利润是可靠的；反之，企业的净利润不可靠。对连续几年净现比小于0.7的企业需要警惕，最好排除这种企业。

② 衡量企业成长能力的指标。

营业收入增长率＝（本期营业收入－上期营业收入）/上期营业收入×100％

营业收入增长率是衡量企业在某段时间内收入成长能力的指标。一方面，如果企业的营业收入增长率呈现稳定上涨趋势，说明企业正处于发展壮大之中；另一方面，通过与同行业内其他竞争对手的营业收入增长率进行比较，可以看出一家企业的竞争力状况。

我们最好选择营业收入增长率稳定变化的企业，而不是忽高忽低、不够稳定的企业。

净利润增长率是指企业在一段时期（通常是一年内）净利润与上一相同期间的比较，表示净利润的同比增长率，计算公式可以表示为：

净利润增长率＝（本期净利润－上期净利润）/上期净利润×100％

净利润增长率是很重要的财务指标，反映了企业的盈利能力和市场竞争力。通常情况下，净利润增长率越高，表明企业的盈利能力越强，市场竞争能力也越强。

③ 衡量企业运营能力的指标。

存货周转率（次/年）＝运营成本/平均存货

其中，运营成本为卖出存货的直接成本，平均存货＝（期初存货＋期末存货）/2。

存货周转率可以反映存货的周转速度，存货周转率良好，代表一家企业资金的使用效率好、短期偿债能力强，也可以用来判断这家企业的经营效率。

应收账款周转率（次/年）＝营业收入/应收账款平均余额

应收账款周转率是分析企业经营能力的指标之一，用于衡量企业应收账款周转速度，即一定期限内（通常为一年）应收账款周转的次数。应收账款周转率越高，表明企业收账越迅速，资产的流动性和短期的偿债能力越强。

总资产周转率（次/年）＝营业收入净额/平均资产总额

总资产周转率反映企业总资产的平均综合运转次数，是综合评价企业全部资产经营质量和利用效率的重要指标，综合反映了企业整体资产的运营能力。一般来说，周转次数越多，表明其周转速度越快，运营能力越强。

④ 衡量企业偿债能力的指标。

流动比率＝流动资产合计/流动负债合计×100％

流动资产是企业短期内可以运用和变现的资产，企业一般都是用流动资产来偿还短期负债，所以流动资产相对于流动负债的比率越大，就说明企业短期偿债能力越强。

一般来说流动比率等于200％时，对企业来说是健康的。但是，越是赚钱的企业，流动资产周转速度越快，流动资产占用资金量越小，流动比率反而越低，低于200％甚至低于100％。所以说流动比率的健康数值，要区分企业，甚至要区分行业来看待。

速动比率＝(流动资产－存货)/流动负债

它可以衡量企业流动资产中可以立即变现用于偿还流动负债的能力，因此，速动比率要大于1才正常。速动比率等于1说明资可抵债，但是比较吃力，只有大于1了，才表明流动资产用于偿还债务没有压力。

利息保障倍数＝息税前利润/利息费用＝(利润总额＋利息费用)/利息费用

一般来说，企业的利息保障倍数至少要大于1。在进行分析时通常与企业历史水平比较，这样才能评价长期偿债能力的稳定性。

⑤ 排雷指标。

如何判断企业业绩是否下滑？通过四个指标：年度营业收入增长率、年度净利润增长率、季度营业收入增长率、季度净利润增长率。四个指标中有一个是负数，就需要警惕。

除此之外，有些企业在遇到经营状况不理想时，会采取财务美化的方式，以达到稳定股价、获得融资、达到监管要求、实现利益输送等目的。

较为常见的财务美化手段，一个是收入美化，另一个是资产

美化。

识别财务美化的第一标准:连续两年,应收账款的增长幅度大于营业收入的增长幅度。

识别财务美化的第二标准:连续两年,存货的增长金额大于营业收入的增长金额。

以上内容是对一家企业最基本的了解,就像在投资的底层逻辑中介绍的那样,你对一家企业的研究越深入,越能提高你选择股票的胜率。

· 第三节 ·

懂得对股市和企业估值,投资才能心中有数

巴菲特曾经说过这样一句话:"风险来自你不知道自己在做些什么。"

在我看来,上面的这句话适用于很多领域,例如,在职场上,你要非常清楚你所做的事情对公司、对自己有什么意义,你正在做的工作你的领导是否知晓和认可;在学习上,你要非常清楚你所学的每一个知识点对你的知识体系有什么意义,所学习的技能对你未来的成长道路、价值体现是否必要等。

想想看,如果对以上这些事情都心里没数的话,是不是就会有潜在的风险呢?因为工作内容不被认可,你被领导狠狠批一顿,甚至可能会丢掉饭碗;在有限的时间和精力下,你学的都是对建立和完善自己的知识体系毫无作用的知识和技能,而其他学习高手们不断完善自己的知识体系并有规划、有针对性地扩大自己的能力圈,随着时间的推移,将你甩得越来越远:难道这些不是风险吗?

同样地,我们在股票投资上也要做到心中有数,定期关注个股和整体股票市场的估值,并根据估值情况,有针对性地进行股票仓位的调整。

上市企业的估值方法大致分为两类:相对估值法和绝对估值法。相对估值法是根据PE(市盈率)、PB(市净率)、PEG(市盈率相对盈利增长比率)等指标,对一家企业的股价高低进行分析和判断;绝对估值法是直接去计算一家企业的股票应当值多少钱。

PE估值法是相对估值法的一种,是价值投资中最常用的估值方法。一家企业的净利润及其增长情况越稳定,用PE估值法越可靠。也就是说,PE估值法不适用于周期性行业(收入情况、净利润情况具有鲜明的周期性特征)的股票。

市盈率=股价/每股盈利,根据每股盈利选择的不同,市盈率可分为:静态市盈率、动态市盈率、滚动市盈率。

静态市盈率=当前股价/最近一年的每股盈利;动态市盈率=当前股价/下一个年度每股盈利的预测值;滚动市盈率=当前股价/最近四个季度的每股盈利。

例如,某一家上市企业,2023年8月底的收盘价格为25.00元,2022年的每股盈利为1.25元,静态市盈率=25.00元/1.25元=20.00;2022年第三季度至2023年第二季度的每股盈利为1.36元,滚动市盈率=25.00元/1.36元=18.38;预测2024年的每股盈利为1.53元,动态市盈率=25.00元/1.53元=16.34。

从上述例子中可以看出,在每年的下半年,如果采用静态市盈率进行估值,其每股盈利的取值表现出一定的滞后性;如果采用动态市盈率进行估值,其每股盈利的取值表现出不确定性;而滚动市盈率,既克服了静态市盈率滞后性的缺点，又克服了动态市盈率不确定性的缺点。

PE估值法中常用的方法之一就是市盈率百分位估值法。市盈率百分位，就是统计过去一段时间内每天的市盈率大小，并从小到大进行排序，当前市盈率所处的位置，就是历史百分位。

图6-9是某一只股票（用A表示）过去10年的滚动市盈率分位图。

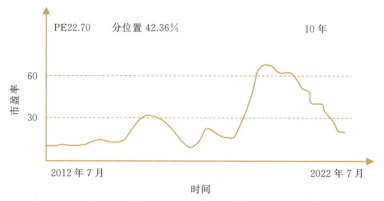

图6-9　A股票过去10年的市盈率分位图

如图6-9所示，当前的滚动市盈率为22.70，分位值为42.36%，这表示在过去10年中42.36%的交易日的市盈率比现在的22.70低。

图6-10是A股票在过去5年的滚动市盈率分位图。

如图6-10所示，当前的滚动市盈率同样为22.70，分位值为14.78%，这表示在过去5年中14.78%的交易日的市盈率比现在的22.70低。

同样是22.70的市盈率，如果从不同的时间长度去观察，会得出不同的结论：从图6-9看，42.36%的分位值表示当前的股价不算高估，也不算低估，在合理区间；从图6-10看，14.78%的分位值表示当前的股价处于低估区域。

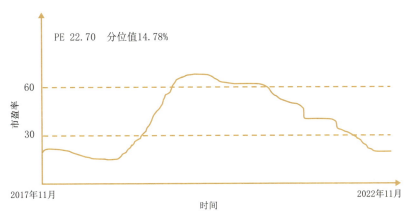

图 6-10 A 股票过去 5 年的市盈率分位图

为什么会出现这样的情况呢？那当前的股价到底算合理，还是低估呢？

需要强调的是，市盈率百分位估值法一定要在企业的基本面尤其是营业收入和净利润增长情况稳定的时候使用。

图 6-11 是 A 企业在 2013—2022 年期间的净利润图。从图 6-11 中可以看出，A 企业在 2013—2016 年期间的净利润增长不够稳定，从 2017 年开始走向正轨，开始了稳定、高速的增长。

因此，分析 A 企业的时候，如果判断出企业的基本面长期看好，未来的一段时间仍将以较高的速度增长，那么采取 2017—2022 年期间的市盈率百分位更为合理。与此同时，可以看出，如果一家企业的净利润增长率持续升高且较稳定，那么该企业的市盈率中位数也逐渐抬高。

从这个角度来说，如果一家企业过去 10 年基本面的稳定性、增长性非常好，那么相对过去 5 年的市盈率百分位，采用过去 10 年的市盈率百分位估值更为合理，有两方面的原因：一是统计的数据量整整

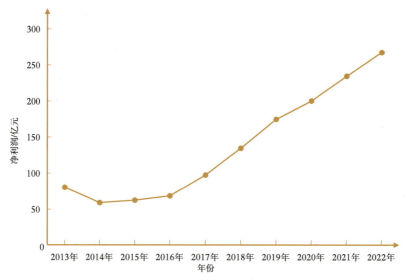

图6-11 A企业在2013—2022年期间的净利润图

多了一倍,数据的准确性更高;二是10年的统计量几乎涵盖了牛熊市的跨越,数据的波动性更大,可以从更大的纵深范围看当前的估值是否合理。

关于PE估值法需要进一步强调的是,由于市盈率与行业的业绩增长率有关,不同行业的增长率不同,因此将不同行业的企业之间的市盈率进行比较,参考意义不大,应该与同一行业的企业进行横向对比。

◇

上面提到,PE估值法并不适用于周期性行业,为什么这么说呢?举个例子说明一下。

假设,有一家周期性行业内的企业,第一年的每股盈利为10元,第一年底的收盘价为100元;第二、第三年的每股盈利分别为5元、4元,第二、第三年底的收盘价分别为70元、60元;第四年的每股盈利达到了12元,随着业绩的提升,其股价也恢复到了100元。通过计算得出,第一、第二、第三、第四年底的市盈率分别为10(=100元/10元)、14(=70元/5元)、15(60元/4元)、8.33(=100元/12元)。

周期性行业的企业经常出现类似的情况,在盈利能力较差的第二、第三年,其市盈率反而更高;在盈利能力较强的第一、第四年,其市盈率反而更低。也就是说,对周期性很强的行业内的企业股票,在市盈率很低的时候买入,有可能买在股价的高点,这显然与低估值代表股价低的事实不吻合。

对这种周期性强的行业,尽管净利润不稳定,但净资产没有太大变化,因此更适合采用市净率估值法(PB法)。

市净率=股价/每股净资产

如果采用市净率指标为周期性行业估值,当股价不断上涨的时候,其市净率也会不断上涨。因此,对像煤炭、钢铁、证券等这样的周期性行业,一般来说市净率较低的时候,投资价值较高;反之,则投资价值较低。

与此同时,市净率与市盈率一样,都属于相对估值法,因此经常采用百分位估值法,与历史值做比较,通常市净率分位值越低,表明投资越安全。

在前面的章节中提到,市盈率代表的是一家企业(一只股票)收回投资成本所需要的时间,如果市盈率为8,表示这家企业的投资回收期是8年。但是,如果一只股票的市盈率高达五六十,甚至上百的时候,就一定是高估吗?就没有投资价值了吗?

我们举一个例子说明一下。

假设，在一个行业内有两家知名的上市企业，分别为A企业、B企业。A企业过去一年的每股盈利为1元，股价为20元，市盈率为20；B企业过去一年的每股盈利也是1元，股价为25元，市盈率为25。经过研究分析，预测未来的3—5年，A企业的净利润以15%的速度增长，而B企业的净利润以25%的速度增长。

也就是说，在未来的5年，A企业的每股盈利分别为1.15元、1.32元、1.52元、1.75元、2.01元，每股盈利合计为7.75元；而B企业的每股盈利分别为1.25元、1.56元、1.95元、2.44元、3.05元，每股盈利合计为10.25元。

如果一开始用20元买入A企业股票，用了5年时间大约回收了投资额的38.8%（=7.75元/20元）；用25元买入B企业股票，用了5年时间回收了投资额的41%（=10.25元/25元）。显然，尽管在开始的时候，B企业股票相对于A企业股票估值更高，但是在高利润增长率下，B企业的回本速度更快，更重要的是，如果两家企业的利润增长率保持不变，那么后期获得的回报的差距将越来越大。

对这种高成长性的企业的估值方法，著名的股票投资家、证券基金经理彼得·林奇建议采取PEG估值法，即将企业业绩的成长性进行对比。

$PEG = PE/G$，其中，PE为企业的市盈率，G为企业未来几年的净利润复合增长率，这个公式的核心逻辑是一家企业赚钱的速度必须值得你为购买其股票而支付的价格，甚至有人认为，只有PE/G比例小于1时，该企业才具有投资价值。

根据彼得·林奇对成长性企业的估值方法，当PEG等于1的时候，股价相对合理；当PEG小于1的时候，股价被低估；当PEG大于1的时候，股价被高估。

需要强调的是，PEG估值法并不适用于周期性行业、低成长性的企业,以及高杠杆型企业。

现金流折现理论是约翰·威廉姆斯在《投资价值理论》这本书中首先提出的。现金流折现理论指出:"任何股票、债券或企业今天的价值,都取决于其未来剩余年限预期的净现金流(现金流入减去现金流出),以一个适当的折现率加以折现后所得的现值。"巴菲特也在不同场合多次提到过:"一家企业的内在价值就是这家企业存续期内自由现金流贴现值的总和。"

用公式来表示:

$$\sum_{t=1}^{n}\frac{CF_t}{(1+r)^t}=\frac{CF_1}{(1+r)^1}+\frac{CF_2}{(1+r)^2}+\frac{CF_3}{(1+r)^3}+\cdots+\frac{CF_n}{(1+r)^n}$$

其中,n 表示资产(企业)的寿命;CF_t 表示资产在 t 时刻产生的现金流;r 反映预期现金流的折现率。

这个公式理解起来并不难,反映了投资的本质,即放弃一种资产,获得另一种资产的未来现金流的折现值。

但问题在于,通过这个方法很难计算出一家企业的内在价值,你无法精确确定一家企业的存续期,无法确定企业每年的自由现金流是多少,也无法确定贴现率的变化等。通过公式计算一家企业的价值的时候,你会发现,每一个数据取值微小的变化,都会给结果带来巨大的差异。

现金流折现模型是完美的,但计算起来并不容易,所以查理·芒格也说过:"我从没见过巴菲特计算那个东西。"

在这种情况下,马喆老师在《估值的标尺》这本书里提道:"一家公司的内在价值就是这家公司未来10年可以为股东创造的税后净利润之和。"

马喆老师基于我国上市公司整体净资产收益率常年在10%上下波动的现实,提出股东平均回收成本的时间为10年。

马喆老师提到的"税后净利润"并不是公司财务报表中的税后净利润,而是"真实的净利润",自由现金流接近于"真实的净利润"。自由现金流等于税后净利润加上折旧、摊销等非现金支出再减去维持性增量营运资本支出和维持性资本支出。

当然,一家企业未来几年的自由现金流是不太容易计算出来的,所以我们可以用高质量的净利润代替自由现金流。

例如,有一家企业的股票过去一年每股的盈利为20元,在未来的10年以20%的复合增长率增长,则每股盈利分别是24元、28.8元、34.56元、41.47元、49.77元、59.72元、71.66元、86元、103.2元、123.83元,未来10年每股盈利总计为623.01元。这意味着,这家企业的股价在623.01元左右是相对合理的。

当然,这个数据并不精确,而是一种模糊的估计。这家企业的股价在400—500元,甚至是低于400元的时候,是买入这家企业股票的好时机。

总之,就像投资的底层逻辑里提到的那样,对一家企业的估值方法未必只有一种,例如,有些企业可以采用市盈率百分位估值法,也可以采用PEG法,也可以采用10年每股盈利的计算法。如果一家企业通过多种估值方法估值都得出低估,那么意味着其低估的概率很大。

因此,对股票进行估值的时候,我还是建议采用多指标估值法,如果好几个指标都显示是低估的,那么其股票低估的概率显然很大;反过来,如果有些估值指标显示是低估,另一个指标显示是高估,那么这个时候就需要谨慎投资。

我们需要了解每一个估值方法的基本概念以及适用的范围,然后根据行业与企业的性质,用有效的估值指标进行估值,当多个指标都显示其股价合理,尤其是低估的时候,就是买入这家企业股票的好时机。当然,买入这家企业股票的另一个前提就是,这家企业必须是经过严格的标准筛选出来的优质企业。

总之,我们在股票投资时要做到心里有数,要非常清楚并定期关注整体股市的估值,因为即便是优质的股票也会受到大熊市和大牛市不同程度的影响。例如,从2015年6月15日开始至8月末,上证指数从5178.19点下跌至3000点附近,下跌2100多点,多天超1000只股票跌停,有几天近2000只股票跌停。

我们以W企业、G企业、Y企业这三只优质股票为例,观察一下在那段时间内它们的股价变化,如图6-12至图6-14所示。

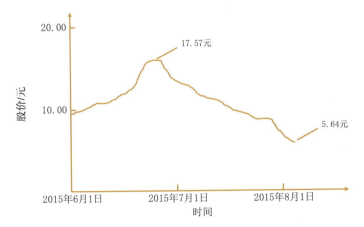

图6-12　2015年6月1日—2015年8月1日W企业的股价变化图

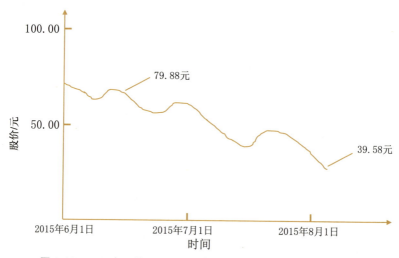

图6-13 2015年6月1日—2015年8月1日G企业的股价变化图

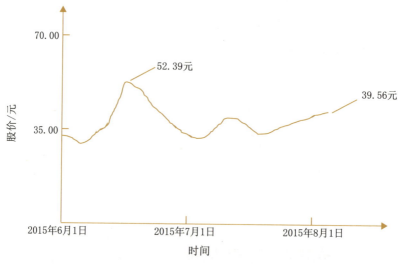

图6-14 2015年6月1日—2015年8月1日Y企业的股价变化图

我们再看一下这些优质股票在2001—2018年的股价年复合增长率（见表6-1）。

表 6-1　W、G、Y 企业的利润年复合增长率和股价年复合增长率

企业名称	2001年净利润/亿元	2018年净利润/亿元	利润年复合增长率/（%）	股价年复合增长率/（%）
W 企业	8.11	133.84	16.75	21.24
G 企业	2.73	262.03	31.71	32.21
Y 企业	1.20	64.40	27.70	26.17

通过上述图表可以很直观地看出，即便如 W 企业、G 企业、Y 企业股票这样在 A 股市场近二十年间股价增长率较高的股票，在从牛市转为熊市的过程中也难免受到影响。

由此可见，要做好股票投资，我们不仅要了解行业、个股的基本情况和个股的估值，而且要了解反映整体股市估值的指标并定期观察，这对股票投资者来说是必不可少的事情，就像我们驾车去一个陌生的地方时要开启导航一样，通过导航我们能够大致了解驾驶的方向正不正确、大致还有多少公里、还要驾驶多长时间等。

既然对整体股市的估值这么重要，那么有哪些重要的估值指标？应该如何使用这些估值指标？让我们分别来看看格雷厄姆指数和巴菲特指标。

先了解一下格雷厄姆指数，它是全股票市场盈利收益率与十年期国债收益率的比例。

市盈率（＝企业市值/企业的净利润）可以显示投资一家企业的时候，在净利润不变的情况下，其回本的年数，而盈利收益率（＝企业的净利润/企业市值）与市盈率正好是倒数的关系。

进一步讲，整个 A 股市场股票的盈利收益率＝整个 A 股市场上市企业的净利润/整个 A 股市场的市值。

例如，你花 10 万元买了一家企业的股票，这家企业一年获得 1 万元的净利润，那么该企业的盈利收益率为 10%（＝1 万元/10 万元），而市盈率为 10。盈利收益率越高，市盈率越低。

如果买入 10 万元的十年期国债（理论上的无风险利率）同样每

年获得10%的收益,那么理性的人们会把手中的股票卖掉,而买入十年期国债,因为在盈利收益率相同的情况下(格雷厄姆指数为1),十年期国债几乎无风险,而股票存在企业的基本面、股价波动等各种潜在的风险。

但随着十年期国债无风险利率的下调,人们会在股票市场的盈利收益率和国债之间进行比较。当股票市场盈利收益率是十年期国债利率的2倍的时候,格雷厄姆指数就是2,意味着此时买入股票既能享受比国债收益率更高的回报,持有的风险也更低。

资本市场的钱是有逐利性的,哪个市场的盈利收益率高,钱就会逐渐流向哪里。

当整体股票市场盈利收益率等于或小于十年期国债利率时,我们应该做出卖出股票的选择;当整体股票市场的盈利收益率远远大于十年期国债利率时,我们应该大量买入股票并耐心持有,等待整体股票市场高估时机的到来,然后卖出。

图6-15中的曲线为2013年1月—2022年12月A股市场的盈利收益率与十年期国债利率之比(格雷厄姆指数)变化曲线图,其数值越大,越是好的股票投资机会。从图中可以看出,在2015年6月牛市的最高点时,其数值最小。

再看看巴菲特指标。2001年,巴菲特在接受《财富》杂志采访时曾表示,市值占GDP的比例这一指标可能是衡量某一特定时刻股市估值水平的最佳单一指标。巴菲特指标也叫资产证券化率。根据近20年A股市场的证券化率,当证券化率不断接近100%—110%时,要逐渐减仓;当证券化率接近50%时,要逐渐加仓。

从图6-16可以看出,2013—2022年这10年A股市场的证券化率大多数情况下在50%—110%之间,只有极端情况下在50%以下和110%以上,2015年6月在牛市最高点时,其值超过了110%。由此可见,如果采用巴菲特指标判断当时整体股市的估值,应该把大部分投资资金撤出。

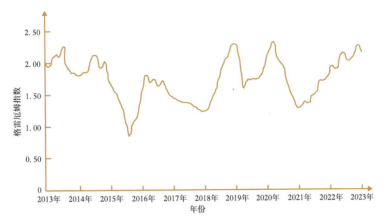

图 6-15　2013 年 1 月—2022 年 12 月 A 股市场的盈利收益率与十年期国债利率之比变化曲线图

（数据来源：理杏仁制图。）

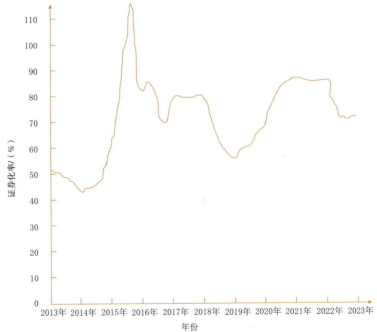

图 6-16　2013 年 1 月—2022 年 12 月 A 股市场的证券化率

（图片来源：理杏仁制图。）

· 第四节 ·

什么时候买入股票？什么时候卖出股票？

绝大多数人在股价持续上涨的时候，表现出开心、兴奋；当股价持续下跌的时候，又表现出沮丧、焦虑，甚至是绝望。可以说，面对股市的涨跌，只有极少数人能保持淡定的心态。

这两类人面对同样的股票市场，甚至持有相同的股票，却表现出截然不同的反应，为什么会出现这样的情况呢？

前文中提到过，面对同样一件事情，人们表现出来的反应或态度，取决于他们对这件事情的认知，而不同的认知会带来不同的行动，最终带来不同的结局。

不难理解，面对时时刻刻变化的股价，从长远来看，心态好的人更容易赚到钱；而心态不好的人，更容易暴露出人性的弱点，从而在股市上亏得一塌糊涂。

那我们如何才能成为那个心态好的人，进而在股市中稳定地获得收益呢？

在我看来，这涉及股票投资中一个非常重要的概念——仓位管理，它不仅影响着投资者的心态，更为重要的是直接决定着股票投资的成败。

想想看，很多人都听说过A股市场中的一些牛股，也持有过那些牛股，但是在牛股上赚到钱的人却是少数，甚至很多人在牛股上亏了钱。

很显然，人们之所以得到不同的结果，肯定是某些差异起了决定性作用，其中一个差异是仓位管理。

什么是仓位管理？从狭义的角度看，股票的仓位管理是指买什么股票、什么时候买、买多少、什么时候卖、卖多少、如何换股等，是股票投资行为中有关买与卖的管理。从广义的角度看，仓位管理还涉及个人或家庭的资产配置管理、股票资产在整个资产中的配比等，这些直接决定着投资者做股票投资时的心态，从而影响最终成败。

仔细想想，股票下跌的时候，为什么有些人表现出异常的紧张、焦虑呢？除了是因为看到股票账户上的数额不断减少之外，有没有可能是因为这些钱是亏不起的钱呢？例如，这些钱是计划下个月用来买房子的钱，或者是近期孩子的生活、教育费用，又或者是原本准备给自己看病的钱……

反过来，当你提前准备好这些费用，并用长期无须动用的钱投资股票时，你会不会不那么沮丧、焦虑了呢？

从这个角度来说，我们在做股票资产类（包括股票、股票型基金等）投资之前，一定要为一家人配置好商业保险，以便出现重大疾病或重大意外的时候，能够不动用股票资产账户的钱；还要配置6—12个月的家庭收入作为平时生活中的备用金（可买入货币基金或短债基金这种有点收益但波动性很小的投资标的）。总而言之，需要根据各种投资资产的特点，设立对应的账户（见图6-17）。

也就是说，在做短期来看波动性较大、长期来看收益较好的股票类资产的投资之前，需要采用"双保险"策略。

当然，就如图6-17所示的那样，股票类资产的投资，可以是股票，也可以是股票型基金，或者是自己熟悉的、同样具备这类特点的投资标的。与此同时，也可以采取定投的方式，或者采用股票和长债基金的动态平衡方式等。但需要强调的是，以增值为目的的不同投资之间，必须是相互独立的，以使投资过程互不影响。这也要求我们在每一次投资之前，要制定相应的投资计划。

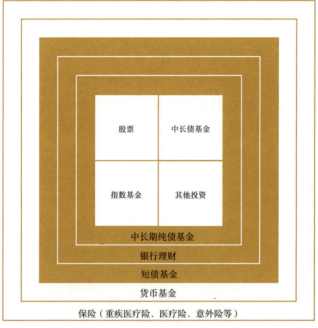

图 6-17　个人或家庭的资产配置

既然心态对我们的投资业绩有如此重要的影响,那有什么办法能做到"涨也高兴,跌也高兴"("跌也高兴"是因为在高点卖出之后,有机会从低点买回来),最起码在股价下跌的时候,不会那么沮丧呢?更为重要的是,在这种良好的心态下,能不能获得稳定的收益呢?

前文提到过,富人都有一颗买入或创造资产的心,然而你买入的股票是不是资产,不仅取决于有没有产生正现金流(分红),还取决于未来能否以更高的价格卖出去。

"跌也高兴",意味着你还有钱继续买入便宜的股票资产。试想一下,股票市场遍地都是"黄金"时,你却没有钱买入,怎么可能高兴得起来呢?从这个角度来说,我们始终要留一些钱为"捡"资产而做准备。

"涨也高兴",意味着你当初以低价买入的资产,在股价上涨的过程中逐渐变现,你实实在在地获得了收益。从这个角度来说,我们应该更加珍惜以低价买入好股票的机会,并在股价持续上涨的过程中逐渐卖出,从而高兴地赚钱。

那如何实现"涨也高兴,跌也高兴"呢?其本质又是什么呢?

著名投资大师本杰明·格雷厄姆在他的著作《聪明的投资者》里提道:"作为一项基本的指导原则,我们建议投资者投资股票的资金绝不能少于其资金总额的25%,且不得高于75%。与此相应,其债券投资比例应在75%到25%之间。"

这意味着,随着股票市场估值的抬高,要逐渐降低股票的比例,增加长期债券的比例,这是因为,一方面,股票市场的上涨空间逐渐在减小;另一方面,股票与债券之间存在"跷跷板"的关系。随着股票市场估值的下降,应逐渐增加股票的比例。

在我看来,上述格雷厄姆那段话中最重要的不是具体的比例,而是其核心思维。

在过去的20年中,我国A股市场的格雷厄姆指数在0.5—2.5之间波动。当股票市场的格雷厄姆指数为1的时候,投资股票和债券的收益率是一样的,然而股票投资的不确定性和波动性更大,因此理性的投资者在这种情况下应该把钱投资到债券,而不是股票;当股票市场的格雷厄姆指数为2的时候,投资股票的收益率是投资债券收益率的2倍,在格雷厄姆看来是投资股票较好的时机。

因此,你也可以根据格雷厄姆指数的变化(也可以是巴菲特指标的变化,其实结果是大同小异的),调整投资股票的比例。如果你观察一下A股市场,会发现其格雷厄姆指数也常超过2,在2012年、2018年的时候甚至达到过2.5。因此,你也可以将格雷厄姆指数1—2.5作为股票仓位的调整依据。

我所认识的一位股票投资者，把"股票投资就是投资企业并长期持有"的理念践行到了极致，他把格雷厄姆指数1和2两个数据作为股票买卖的依据：当数值为1的时候，也就是在牛市期间，当大多数人都在买进的时候，他却全部清仓，一次牛市赚得盆满钵满；当格雷厄姆指数超过2的时候，他开始满仓，其余时间几乎没有操作，只是耐心等待格雷厄姆指数再次来到1或2。

这样操作的好处在于，在2007年、2009年、2015年的牛市中，能够赚得足够多，然而在2018年初和2021年初离格雷厄姆指数1近在咫尺的时候，盈利部分没能变现，好在后来股市开始回升，他坐了一次有惊无险的"过山车"。

这种投资方法长期来看赚钱的概率还是很大的，而且这位投资者在长达20年的股票投资生涯中确实赚到了不少钱，只是大部分的时候无法做到"涨也高兴，跌也高兴"，也没有充分地与"市场先生"做朋友。当然，从另一个角度来看，也可以说他是与企业成了最忠诚的朋友。

说到这里，我想说的是，相比于"大涨一年、大跌一年"，每年能够稳稳地获得较大收益，长期来看才是更有效的投资。

图6-18中，A线是"间隔一年涨50%、间隔一年跌20%"的收益曲线；B线是每年稳定地增长15%的收益曲线，长期来看B线具有明显的优势。

如果你看过巴菲特长达70年的投资收益数据，你会发现巴菲特投资收益的最大特点并不是每年都大涨，而是增长得非常稳定，很少出现负增长的情况，这让他在长期的投资生涯中很好地实现了财富的复利增长。

所以，我们也要追逐投资的稳定增长曲线。

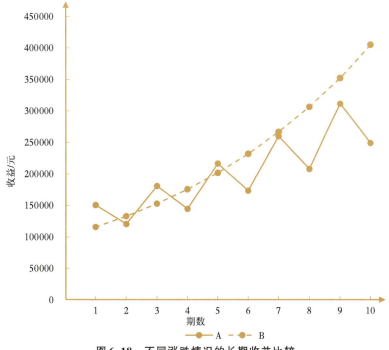

图 6-18 不同涨跌情况的长期收益比较

我们应该通过对行业和企业的深入研究，建立一个股票池，其中包含 10—20 只我们对其企业基本面非常了解、也容易估值的股票，如图 6-19 所示。

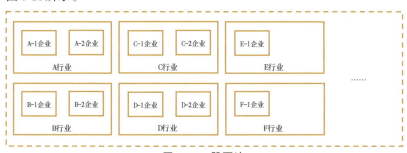

图 6-19 股票池

我们无须了解 A 股市场所有行业和企业的基本面。过多的股票会分散我们的注意力,导致研究不够深入,长期跟踪行业和企业的基本面会产生时间与精力上的成本;如果股票太少,尽管能够深入研究,可是一旦出现对基本面分析判断的失误,随着股价下降不断加仓,就会带来巨大的损失。所以,我们一定要在不超越"能力圈"和避免过于集中的要求中找到平衡。

从另一个角度来看,很多时候不同股票的涨跌不是同时发生的,而是存在行业的轮动,可以简单理解为一个政策或技术变革会对这个行业的大多数企业同时发挥效用,而这种效用可能是正向的,也可能是反向的。

你一定要对股票池里企业的基本面了如指掌,并能够相对准确地进行估值,判断出当前股价的相对位置。就像前文中提到的那样,我更建议你采用多种方法进行估值,例如市盈率百分位估值法、PEG 估值法、10 年自由现金流估值法等。采用多种估值方法得出相同的定性、定量的结果的时候,其估值正确的概率更高,从而提高投资成功的概率。

对股票池里的股票进行估值之后,对当前价格高出价值的股票,可暂且搁置一边,继续等待低估的时机。而对价格进入合理或低估区域的股票,则应开始建仓。

图 6-20 是企业价值与股价曲线。经你深入研究筛选出来的企业,其价值长期来看会按照一定的斜率不断提升。基本面的复合增长率越大的企业,其企业价值线的斜率显然会越大。所以,从这个角度来说,我们筛选股票的时候,也应该把长期复合增长率大的企业纳入股票池里。

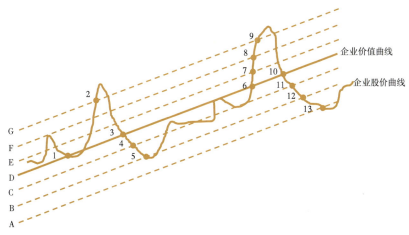

图 6-20　企业价值与股价曲线

就像图 6-20 显示的那样，长期来看，企业的股价曲线会围绕企业的价值线而波动，时而上时而下。

那么，在图 6-20 中 A、B、C、D、E、F、G 这些线分别代表什么呢？举个例子说明一下。

例如，某一家企业的业绩以 15% 的复合增长率增长，D 线（实线）就是企业价值线。那么，C 线表示的就是比企业价值低 1 个复合增长率的价值范围，在 C 线上的点买入，相当于有 1 年业绩（15%）的"安全边际"。

以此类推，B、A 线分别表示的就是比企业价值线低 2 个、3 个复合增长率的价值范围，在 B 线、A 线上的点买入，相当于有 2 年、3 年业绩的"安全边际"。

相对应地，E、F、G 线分别表示比企业价值线高 1、2、3 个复合增长率的价值范围，在这些线上的点买入，相当于股价提前"透支"了未来 1—3 年的业绩。因此，当股价来到这些线的时候，我们不应该考虑买入，而是要随着股价的不断抬高，逐渐减仓，落袋为安（意思是随着股票价格的上升，逐渐卖出，变成现金）。

也就是说，买入股票的原则就是，一定不能在股价超过企业价值线的时候买入。从财商角度来说，在这个点买到的极有可能是负债，所以至少要在股价和企业价值线重叠的点开始建仓，随着股价的不断下跌逐渐加仓。

另外，需要强调的是，在正式建仓之前，一定要提前设定好在什么时候买入、买多少、什么时候卖出、卖多少。

从图6-20来看，我们可以在1号点开始建仓，买一份（每一份的股票数量相同），在2号点卖出。为什么在2号点卖出呢？因为股价提前"透支"了未来三年的业绩，已经高估了很多。与此同时，一旦股价下跌，需要很长时间才能重新上涨到相同的股价，因此在高估的时候仍持有，会消耗过多的时间成本、资金成本。

紧接着，股价跌下来，在3号点开始重新建仓，买一份；持续下跌，在4号点继续买入一份；相同地，在5号点继续买入一份。然后，耐心等着，等到7号点的时候，卖出在5号点买入的股票，在8号点卖出在4号点买入的股票，在9号点卖出在3号点买入的股票，也就是要清仓。你会发现，这样做不仅是与企业做朋友，享受到了企业业绩的增长，还可以与"市场先生"做朋友，感受到"市场先生"不稳定的"脾气"（投资股票主要赚的是两种钱：一种是企业的业绩带来的，另一种是"市场先生"的"情绪"波动带来的。比如，有时候企业的基本面没什么变化，但是股价却大幅波动，这反映的是人们的情绪）。

我们并没有在6号点做买入的操作，是因为在同样股价合理的点（3号点）已经建仓；没有在6号点卖出的原因在于，制定计划的时候，规定了买入的每个点都要获得3倍的复合增长率。当然，你也可以规定每个买入点获得1倍或2倍的复合增长率即可，只是这样操作相对频繁些，另外在股价大涨的时候容易踏空。

紧接着，重新在11号点建仓，12号点继续买入，13号点继续买入，再等到价值回归，以上述同样的方式卖出。

对一只股票来说，可以根据这种方式做仓位管理。那什么时候可以调仓呢？巴菲特说过，在遇到更好的机会的时候调仓。

例如，某只股票在7、8号点的时候，虽然涨得不算很多，不算很高估，但是如果发现了另一只同样长期看好的股票来到了类似5号点、12号点、13号点的位置，那么这就是相对更好的机会，此时可以选择调仓。

总的来说，股票仓位管理的方法很多，没有一个完美的方法，重要的是你要有自己的一套方法，而不是全凭感觉和情绪做股票投资。

第七章

玩转指数基金，这么做就对了

·第一节·

巴菲特也极力推荐的指数基金到底有什么奥秘?

巴菲特多次在公开场合推荐过一种投资标的——指数基金。早在1993年,他就说过:"通过定投指数基金,一个什么都不懂的业余投资者,往往能够战胜大部分专业投资者。"

那么,为什么巴菲特这么推荐指数基金呢?指数基金又是怎样的一种投资品种呢?

在讲述指数基金之前,先说说什么是股票基金。股票基金,就是基金里有80%以上的资金用于投资股票。而在股票基金中,有两种区别很大的股票基金,一种是主动型股票基金,另一种是被动型股票基金。

这里提到主动和被动,主要的区别在于基金经理在股票投资过程中的主动性与被动性。

如果某一只股票基金是由基金经理(还包括调研团队、数据分析团队等)通过深入研究主动做出投资决策,就属于主动型股票基金;如果是由基金经理根据既定的指数编制规则做出投资决策,就属于被动型股票基金。这里提到的指数,包括所有的股票指数(例如大家常听到的上证指数、深证指数、沪深300指数等),都有提前规定好的选股规则。

尽管主动型股票基金也存在一定的投资限制(例如,某一只股票的仓位不能超过10%),但其主要投资业绩还是依靠基金经理及背后团队的能力,可以在一定的规则范围内自由发挥,最终目的是不仅要赚到钱,还要跑赢大盘;而被动型股票基金除了特殊的增强型指数基金（用大部分资金来跟踪指数，用少部分资金去追求更高收益的基金）之外，绝大多数不允许基金经理过多发挥，其优秀与否不在于能否跑赢大盘，而是在于能否紧紧跟上大盘。

指数基金是跟踪股票指数的基金，那么常见的指数都有哪些呢？主要有两种分类方式，一种是从宽基指数和行业指数的角度分类，另一种是对指数内的股票以不同加权方式进行分类。

宽基指数在挑选股票的时候，并不会对某一行业加以限制；而行业指数在挑选股票的时候，要求只投资属于该行业的股票。

另外，加权的意思就是每只股票在指数中所占的比重。指数的加权方式通常有四种，分别是价格加权、等权重加权、市值加权，以及策略加权。

下面，具体说明一下这四种加权方式的区别。

假如，一个指数中有三只股票，分别是A、B、C。当前，A股票的股价是每股20元，股本是10万股，总市值为200万元；B股票的股价是每股10元，股本是50万股，总市值为500万元；C股票的股价是每股10元，股本是100万股，总市值为1000万元。

按照价格加权方式的指数编制，则A股票在指数中占20元/（20元＋10元＋10元）×100％＝50％；B股票和C股票的价格都是10元，在指数中各占10元/（20元＋10元＋10元）×100％＝25％。

按照等权重加权方式的指数编制，三只股票在指数中的权重相同，都是33.3％。

按照市值加权方式的指数编制，A股票在指数中占200万元/（200万元＋500万元＋1000万元）×100％≈11.8％；B股票在指数中占500万元/（200万元＋500万元＋1000万元）×100％≈29.4％；C

股票在指数中占1000万元/（200万元＋500万元＋1000万元）×100%≈58.8%。

进一步假设，某一天A、B、C股票分别上涨了1%、2%、3%。

按照价格加权方式编制的指数，则三只股票整体上涨率为50%（A股票的权重）×1%（A股票的上涨率）＋25%（B股票的权重）×2%（B股票的上涨率）＋25%（C股票的权重）×3%（C股票的上涨率）＝0.5%＋0.5%＋0.75%＝1.75%。

按照等权重加权方式编制的指数，则三只股票整体上涨率为33.3%（A股票的权重）×1%（A股票的上涨率）＋33.3%（B股票的权重）×2%（B股票的上涨率）＋33.3%（C股票的权重）×3%（C股票的上涨率）＝0.333%＋0.666%＋0.999%＝2.0%。

按照市值加权方式编制的指数，则三只股票整体上涨率为11.8%（A股票的权重）×1%（A股票的上涨率）＋29.4%（B股票的权重）×2%（B股票的上涨率）＋58.8%（C股票的权重）×3%（C股票的上涨率）＝0.118%＋0.588%＋1.764%≈2.47%。

根据上述例子，你会发现，即使是相同的成分股，用不同的加权方式也会给指数带来很大的影响。那么，哪种编制方式相对合理呢？在我看来，市值加权方式更为合理——体量大的对指数的贡献更大。就像年产值从100亿元变成105亿元的企业，其对国家GDP的贡献大于年产值从100万元变成200万元的企业一样，不能因为后者的增长速度快，就认为其贡献大。

目前，在A股市场上以市值加权指数为主流。我国A股市场上比较重要的指数，例如上证50指数、沪深300指数、中证500指数，不仅是宽基指数，而且还是按照市值加权方式编制的指数。

上证50指数是由上海证券市场上规模最大、流动性最好的最具代表性的50只股票组成的指数，反映的是上海证券市场上最具市场影响力的一批企业的整体状况。

沪深300指数是由上海证券交易所和深圳证券交易所中规模最大、流动性最好的300只股票组成的指数,能够反映沪深市场的整体表现。

中证500指数是在全部A股中剔除沪深300指数成分股及总市值排名前300名的股票后,总市值排名靠前的500只股票组成的指数。

不仅是宽基指数,很多行业指数也是按照市值加权方式编制的。

例如,上证主要消费行业指数是从上海证券交易所中,挑选市值靠前、流通性好的30只主要消费类上市公司股票作为成分股的指数。

加权方式除了价格加权、等权重加权、市值加权之外,还有策略加权。策略加权可选用的策略有很多种,包括基本面、红利等策略,每一种策略都有自己对应的选股规则。

中证锐联基本面50指数,是从上海证券交易所和深圳证券交易所中,用营业收入、现金流、净资产、分红4个基本面指标,挑选出综合排名前50的公司,而且哪个公司的基本面更好,其权重就更高。

中证红利指数,是从上海证券交易所和深圳证券交易所中,挑选出过去两年平均股息率最高的100只股票,它不仅是宽基指数,同时还是策略加权中的红利加权指数。也就是说,中证锐联基本面50指数和中证红利指数属于按照策略加权的宽基指数。

由此可见,指数的类型很多,而指数基金就是委托基金经理跟踪不同指数的基金。

了解完指数的编制方法,以及指数基金的基本概念,我们再看看为什么巴菲特多次向业余投资者推荐指数基金。

这需要重新回顾股票投资的底层逻辑,前文中提到过,股票的投资涉及股票上涨的概率与盈亏比的问题，对股票的研究几乎都是围绕着这两个点而展开的。不难理解，当我们对股票的研究越系统、越深入的时候，我们越能够筛选出在未来一段时间内股价上涨的概率大且上涨空间（盈亏比）大的股票。

然而，绝大多数业余投资者缺少丰富的专业知识去深入研究行业、企业的基本面和估值，即便有些专业知识，大部分人也没有那么多精力和动力去研究行业政策、企业财务报告、证券公司的研究报告等，其结果就是他们难以对企业的基本面和估值有系统的认识，始终是一种非常模糊的状态，甚至可以说是一种心里没数的状态，他们的投资接近于或等于投机。

对很多想投资股票却缺乏专业知识和精力的人来说，指数基金能够很好地弥补这方面的不足。换句话说，从投资的底层逻辑来看，相较于投资少数几家上市企业（股票），投资一篮子按照一定的选股规则（指数）挑选的上市企业（股票），其长期上涨的确定性更大。与此同时，投资指数的另一个优势在于，其估值方法更简单，估值的高低更清晰。

下面，举一个比较典型的例子说明一下指数的确定性和估值优势的根源在哪里。

沪深300指数以2004年12月31日为起始日，起始点为1000点，中间经过长达18年的波动，到2022年12月30日收盘于3871.63点，指数的复合年化收益率为7.8%左右。考虑到沪深300指数的股息率长期在1.2%—3.2%区间，因此沪深300指数的实际复合年化收益率在9%—11%区间。也就是说，看似毫无规律的指数波动，从大的时间维度来看，其实是按照一定的增长率在增长。

其实，沪深300指数的点位长期上涨的根源在于，该指数背后的企业整体的净资产收益率（ROE）长期保持在10%—15%，与沪深

300指数的实际年化增长率基本吻合（见图7-1）。

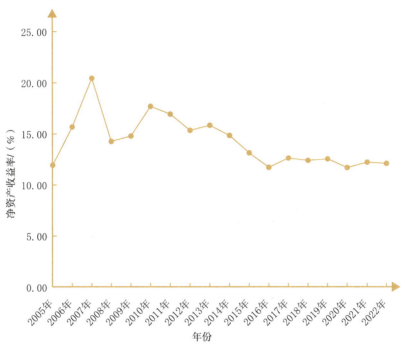

图7-1 沪深300指数净资产收益率

随着近10年国家GDP的增长速度有所减缓，沪深300指数的ROE呈现出了一定的下降趋势，但该指数中的企业为我国最优质企业的典型代表，只要我们国家的经济长期上涨，指数的ROE仍会保持在较高的水平，也会呈现长期上涨趋势。

此外，沪深300指数成分股每半年审核一次，并根据基本面审核结果调整其成分股，调整时间为每年的6月和12月。其实，不仅仅是沪深300指数，所有的指数都会定期调整成分股，而这种"择优汰劣"的规则进一步增大了指数长期上涨的概率。

我国A股市场的历史不够长，我们可以看看美股市场最具代表性的标准普尔500指数（样本由美股上市企业中市值最大、流动性最好的500家企业组成）的表现。标准普尔500指数从1941年开始形成，起始点为10点，不算股息收入，在过去的七八十年里上涨了200多倍，复合年化收益率为7%左右。考虑到标准普尔500指数历史平均股息率为2.0%—2.5%，标准普尔500指数的实际复合年化收益率在9%左右。

沪深300指数和标准普尔500指数都属于宽基指数，相较于行业指数，宽基指数投资的确定性更大，因为在这些指数里涵盖了一个国家数十个行业的综合发展情况，而行业指数只代表一个行业。

说完长期上涨确定性很大的宽基指数，我们再看看确定性相对差一些的行业指数。

一个行业的研究方法与分析一家上市企业所在行业的方法有很多相似之处，最为关键的是要清楚行业处在生命周期的什么阶段、未来几年该行业的规模上涨空间和上涨速度、国家对该行业的相关政策等。如果对一个行业不了解，或对行业的发展前景不看好，就一定要远离它。

如果你对一个行业不了解，却仍做行业指数基金的投资，那意味着你都不能保证买的是资产还是负债，看似在投资，实则在投机。长期来看，这种投机行为必定会让你财富大厦的根基越来越松软，即便偶尔赚到了一些钱，你也不知道为什么能够赚钱，更为重要的是下一次难以复制，让你无法长期稳定地积累财富。

至于为什么要远离前景不被看好的行业，那是因为当一个行业的市场规模没有多大上涨空间的时候，或者其发展速度不尽如人意的时候，该行业的估值会不断"下沉"。

而宽基指数在一定程度上避免了这种问题，因为它包含很多行业的企业，其中有些行业发展不断向上，指数中的企业数量及其市值权重不断增加；而有些行业发展相对落后，指数中的企业数量及其市值权重不断减少。

之所以说行业指数的确定性相对差一些，一方面是因为并不是所有行业都处在成长期或成熟期，有的行业已经进入了衰退期；另一方面是因为，即便有些行业处于高速上升阶段，但如果投资者本身不具备行业分析能力，那么仍然会增加许多不确定的因素。

从另一个角度来说，试想有三种投资品种，分别是宽基指数基金、行业指数基金、股票，当它们的市价不断下跌的时候，相对而言，哪个品种的下跌不会让你那么焦虑？是不是宽基指数基金？面对股票或行业指数基金的持续下跌，你可能会怀疑自己对该行业或企业的判断，是不是自己的分析不够深入？是不是近期发生了一些自己不知道却影响未来基本面的事情？在这种焦虑中，你不敢加仓，甚至可能会出现提前"割肉"的情况。

当然，如果你具备出色的行业分析能力，能够找出市场规模的增长性长期看好的行业，且在低估的时候开始投资，就会获得超出宽基指数基金的收益。所以，是投资宽基指数基金还是行业指数基金，取决于投资者自己的行业分析能力。

说完指数基金的确定性，我们再看看指数基金的估值。在提到股票的估值方法的时候，我们介绍了市盈率、市净率、PEG，以及10年每股盈利的计算法。之所以有那么多种估值方法，源于每个行业、每家企业的特殊性，无法用单一的指标公平地衡量。

然而，一个宽基指数里面有少则数十家、多则上百家的各种行业的企业，行业或企业的特殊性可以在指数里面被稀释掉。一个宽基指数里的企业及其基本面相对稳定，因此可采用相对简单的市盈率（针对宽基指数或弱周期性行业的指数）或市净率（针对周期性行业的指数）进行估值，容易判断出指数当下点位是高估的、合理的，还是低估的。

分析完指数基金的特点，我们就会明白，正因为指数基金相对于股票，在长期上涨的确定性、估值的简单性等方面具备优势，所以巴菲特才多次向业余投资者推荐指数基金。当我们不具备较强的股票投资能力的时候，指数基金是可优先选择的投资标的之一。

·第二节·

三招玩转基金定投，让你的收益稳步增长

我们再来回顾一下巴菲特推荐指数基金的原话："通过定投指数基金，一个什么都不懂的业余投资者，往往能够战胜大部分专业投资者。"

这句话里有两个关键词，分别是指数基金和定投。上一节介绍了指数基金及其优势，本节我们来说说定投。

什么叫定投呢？从字面上可以简单理解为定期投入，我们身边常见的例子有每个月五险一金的投入，尽管每期投入的数额不一定相同，但是投入的时间相对比较固定。

其实，从更广义的角度来看，一个人每天在固定的时间锻炼身体、学习专业知识、打磨各项技能，也都属于定投的范畴。

你会发现定投有诸多好处，每次投入的资金、时间等资源并不多，并不会给当下的你带来很大的压力，但长时间的投入一定会给你带来质的变化。例如，定投养老金、社保会让你在老年的生活和医疗问题上有所保障；经过锻炼身体、学习知识、打磨技能等长时间的定投，你的身体、专业知识、各项能力等都会让你脱胎换骨，从而让你在职场中脱颖而出，不仅带来财富的增长，还会让你身心愉悦。

同理，理财也可以进行定投，它会让我们的财富稳步增长，假以

时日，能够真正改变我们的命运。

既然要做理财的定投，一定要选择确定性大、投资收益还不错的标的，否则，选择一种价值一路下滑或投资收益不够高的品种，只会让我们的财富越来越缩水。从这个角度来说，选择股票资产作为定投的标的无疑具有巨大的优势。而在股票资产的投资中，指数基金的确定性无疑是最大的。

话说回来，你会发现定投的另一个显著特点是，它在投资者的心中悄然根植了一种信念：对未来充满希望，并长期坚持下去。其实，对指数基金的定投也是一样的。

对一个追求成长的人来说，定投已成了他生活中不可分割的一部分，坚持锻炼、学习、理财等，能够让一个人得到全方位的提升。从这个角度来说，给指数基金制定一个长期定投计划就是在为更美好的未来制定人生计划。

传统的指数基金定投，是指在固定的时间（每个月、每两周、每周都可以），拿出固定金额的资金，买入固定的指数基金，即有三个"固定"，分别是时间固定、金额固定、指数基金品种固定。

需要说明的是，之所以选择指数基金作为定投的投资标的，除了上一节提到的指数基金的优势之外，还有一个重要原因是投资指数基金的门槛很低（很多基金10元钱就可以买入），各种手续费也较低。

传统的指数基金定投对选择买入的时机要求并不高，大多数时间无须考虑市场的波动，平摊成本，省心省力。不难理解，如果我们不择时机，长期对一个指数基金定投，将获得该指数净资产收益率（ROE）大小的收益率。

那么，有没有一些方法或措施，能在传统定投的基础上，提高投资收益率呢?进一步说,面对我国A股市场"熊长牛短"的特点,该如何制定长期的定投计划呢?

本书在之前的章节里介绍资产和负债的概念的时候,提到过在投资中很重要的一个标准是便宜(低估),只有买入便宜的投资标的,才能保证我们买入的是资产,未来有望以更高的价格卖出去。与此同时,只有买入时足够便宜,才能让我们赚得更多。所以,投资指数基金的时候,一定要从低估的指数里选择投资的标的。

还有,我们不建议一次性用全部资金买入低估的指数基金,因为在看似很低的点位上全部买入之后,经常会出现继续下跌的情况。

记得我刚开始学习指数基金定投的时候,发现了一只低估的宽基指数基金,市盈率百分位只有3.2%(如图7-2中的1号点),在这个时候我选择了一次性买入。令人感到意外的是,即便买入时足够便宜,但是该指数基金在很长的一段时间内一直在下跌,到最低点(图7-2中的4号点,市盈率百分位0.3%左右)时,市值总共下跌了15%左右,买入之后长期处于亏损的状态。更让我难受的是,面对后续出现的极其低估点位,我却没有多余的资金持续买入。

如果我从1号点开始定投,一直定投到仍处于低估区域的9号点,并在10号点卖出,就将是一个比较完美的定投过程。因为如果我从1号点开始定投,在持续下跌的过程中,在2、3、4、5、6号点不断买入平摊成本,到7号点就开始处于盈利状态。

其实,在低估区域买入指数基金之后,会出现各种可能的走势,如图7-2至图7-5所示。如果从1号点开始定投,在图7-2至图7-4三种情况下均会获得不错的收益。只有图7-5那种情况下,一次性买入能比定投获得更高的收益。但问题在于,没有人能够判断出指数接下来的走势。因此,在大多数情况下,我们可以从低估区域开始定投,在达到目标收益或在指数的估值不能更便宜时,卖出即可。

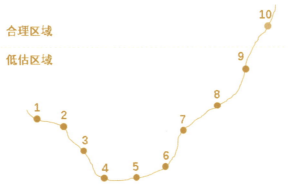

图 7-2 指数基金的走势 1

图 7-3 指数基金的走势 2

图 7-4 指数基金的走势 3

图 7-5 指数基金的走势 4

这里提到的目标,可以是一个具体的收益率目标,例如 20% 或 30%;也可以是该指数的估值进入了目标分位值。重要的是结合市场和自身的情况,统筹制定定投体系之后设定这个目标。

话说回来,只要选择了价值不断上涨的指数基金,且在低估的时候开始持续定投,假以时日,一般都能够获得收益。

进一步说,在普通的定投中,每次投入的金额一样,这种方式的确有操作简单的优势。然而,其缺点也很明显,因为这样做不顾估值大小的变化,无法在相对的低点投入更多的资金,从而提高收益率。

宽基指数或弱周期性的行业指数可采用市盈率百分位进行估值,周期性的行业指数可采用市净率进行估值。一般来说,百分位数值越小,指数的估值越低。

按照市盈率或市净率的百分位可定义指数的低估区域、较低估区域、合理区域、较高估区域和高估区域,如图 7-6 所示。

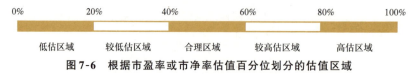

图 7-6 根据市盈率或市净率估值百分位划分的估值区域

其实,我们可以通过一定的优化手段把定投的收益率进一步提高,其中比较常用的优化手段有根据估值(市盈率或市净率)绝对大小调整投入金额的方式,以及根据估值百分位调整投入金额的方式。归根结底,都是为了在相对更低估的点买入更多的基金份额。

假设某一个指数采用市盈率估值方式,在过去很长的一段时间(至少是5年)里,市盈率的大小在7.12—18.54之间波动。根据市盈率百分位统计,市盈率为9.52时在20%的分位值,市盈率为12.02时在40%的分位值,市盈率为14.45时在60%的分位值,市盈率为16.65时在80%的分位值,市盈率为18.54时在100%的分位值。

像前面提到的那样,投资中非常重要的原则之一就是"买得便宜",所以在确定性得到保证的前提下,应该从估值百分位最低的指数开始选择。

指数的市盈率或市净率会随着交易日指数的变化而变化,市盈率或市净率的提高意味着估值的增大。

第一种优化方式:根据估值(市盈率或市净率)绝对大小调整投入金额。

在开始准备投资时,先确定基本投资额,然后根据估值的绝对大小调整每期的投入金额,用数学公式表示如下:

$$每次定投金额 = 首次定投额 \times \left(\frac{首次的市盈率}{当期的市盈率} \right)^n$$

这个公式里的n是定投收益的放大器,传统定投的$n=0$,即每次定投金额与首次定投额相同;随着n的变化,在相对低点买入更多,在相对高点买入更少,长期来看,显然会比传统的定投获得更高的收益。

假设传统定投的每次投资资金为500元,第一次买入的时候市盈率为8.65;第二次买入的时候,指数有所上涨,市盈率为8.97;第三次买入的时候,指数有所回落,市盈率为8.78;第四次买入的时候,指数进一步回落，回落到比首次买入的时候还要低，市盈率为8.46。

如果采取根据市盈率的绝对大小调整投入金额的方式，当 $n=1$ 时，第一次买入的资金为 500 元；第二次买入的资金 $=500\times\left(\dfrac{8.65}{8.97}\right)^1\approx 482.16$（元）；第三次买入的资金 $=500\times\left(\dfrac{8.65}{8.78}\right)^1\approx 492.60$（元）；第四次买入的资金 $=500\times\left(\dfrac{8.65}{8.46}\right)^1\approx 511.23$（元）。

当 $n=2$ 时，第一次买入的资金仍为 500 元；第二次买入的资金 $=500\times\left(\dfrac{8.65}{8.97}\right)^2\approx 464.96$（元）；第三次买入的资金 $=500\times\left(\dfrac{8.65}{8.78}\right)^2\approx 485.30$（元）；第四次买入的资金 $=500\times\left(\dfrac{8.65}{8.46}\right)^2\approx 522.71$（元）。

通过上面的计算能够直观地看到，相较于传统的定投方式，采用根据估值绝对大小调整投入金额的方式，能够在低点的时候买入更多，高点的时候买入更少，从而在长期定投的过程中提高投资收益率，长期来看其优化效果更为显著，起到了"放大器"的作用，能够进一步提高投资收益率。只是 n 越大，每次投入的金额波动越大，需要根据自己的可用资金情况进行调整。

第二种优化方式：根据估值百分位调整投入金额。

在诸多长期上涨性确定的指数中，对指数的估值进行排序，从中选择低估的基金开始定投，也就是在普通定投的基础上加以改进，在低估区域买入2倍的基准额；在较低估区域买入1倍的基准额；在合理区域买入0.5倍的基准额；在较高估区域持有；在高估区域全部卖出（见图7-7）。

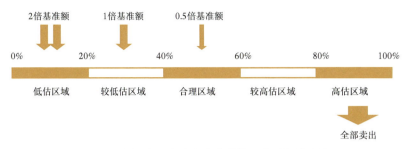

图7-7 根据市盈率或市净率估值百分位调整仓位

例如,选择某一个指数基金开始定投,基准额为500元,当定投日期当天的估值处于低估区域的时候,买入1000元;当定投日期当天的估值处于较低估区域的时候,买入500元;当定投日期当天的估值处于合理区域的时候,买入250元;当定投日期当天的估值处于较高估区域的时候持有;持有的过程中,如果有一天估值进入高估区域,就全部卖出。

与第一种方式相比,这种方式更为简单,只要根据估值百分位的大小,投入相应的金额即可。从低估区域进入高估区域,这个过程的持续时间会更长,一般会等到牛市阶段才能卖出。优点是赚得足够多,缺点是等待时间很长,中间要经历多年涨跌的波动,而且投入资金的波动更大,不同估值区域的定投资金大小相差较大。表7-1是不同定投方式的特点比较。

表7-1 不同定投方式的特点比较

定投方式	投资波动性	定投时长	单次收益率
根据估值绝对大小调整投入金额的方式	相对小一些	根据收益目标或之前制定的计划,可长可短	收益较低
根据估值百分位调整投入金额的方式	相对大一些	一般会比较长	收益很大

通过表7-1可以看出,没有绝对完美的定投方式,两种方式各有

各的优势,在实际操作中要结合具体的情况,可采取二者结合的方式。

讲了这么多指数基金的定投原理和方法,那么在实际投资中应该如何操作呢?

可以肯定的是,一定要根据自己的情况,以及我国A股市场的"熊长牛短"的特点,做一个详细的投资计划,一方面,利用投资计划克服人性的弱点;另一方面,计划意味着提前对未来的波动情况、暂时的盈利或亏损情况做好充分的心理准备,以便能够长期坚持下去。

我国的A股市场大多数时间处于低估、较低估以及合理区间,如果完全采取第二种投资方式,需要极大的耐心才能等到"落袋为安"的时刻;如果不采取第二种投资方式,则容易在牛市来临的时候踏空。所以,比较合理的方式是,针对我国A股市场"熊长牛短"的特点,将两种方式结合。

有了第二种方式配置长期目标,第一种方式的目标就可较为短期,可以采用目标收益来止盈。目标值可以设定为20%—30%,目标值太低意味着操作频次比较高,同时在较好行情来临的时候容易踏空;目标值太高意味着即使涨得很高也容易跌回去。也可以从低估区域开始定投,定投到进入合理区域为止。不管设定怎样的目标,关键是提前制定好计划,而不是随意改变计划。

举一个大多数工薪家庭可采取的投资方式的例子。

第一步,确定定投金额、基金数量、定投间隔。

针对我国A股市场"熊长牛短"的特点,你可以采取"3+1"或"3+2"的定投组合。其中,"3"就是采取第一种定投方式的指数基金数量;"1"或"2"就是采取第二种定投方式的指数基金数量。

我们采取的两种定投方法,每期的定投金额都不是固定的,遇到相对低点时投多一点，遇到相对高点时投少一些。针对这种浮动方式的定投，第一种定投方法的首次定投额以及第二种定投方法的基准额，都需要定得稍微保守一点。

假设，除去每月备用金以外，你每个月还有6000元的资金，那么你可以选择5个（"3+2"）指数基金（"3+1"组合也可以）。其中，60%—80%的资金用于第一种定投方式，20%—40%的资金用于第二种定投方式。那么，为什么是60%—80%呢？此比例基于黄金分割方法（0.618∶0.382）以及二八定律。

采取"3+2"定投组合时，3600元（=6000元×60%）用于第一种定投方式，每月等额分配给3个指数基金，即1200元/月。考虑到即便在低估区域买入之后还有可能会下跌，因此需要留有一定的安全边际，即1200÷1.2=1000元/月。也就是说，采取第一种定投方式3个指数基金的首次定投额都是1000元/月，这意味着在低估区域定投过程中，每月的定投额在1000元左右波动。

剩下的2400元，等额分配给2个采取第二种方式的指数基金。对每一个采取第二种方式的指数基金来说，低估区域的时候定投1200元，较低估区域的时候定投600元，合理区域的时候定投300元，较高估区域耐心持有，高估区域全部卖出。

以上是按照定投间隔为一个月举的例子。其实，定投间隔采取一个月，还是两周、一周，长期来看收益率区别不大。如果定投间隔是两周或一周，则需要在上例中月首次定投额和月基准额的基础上分别除以2和4。

至于原本准备的6000元，定投之后剩余的部分可暂时投资到债券基金。一方面，这部分可作为未来持续下跌时的备用金使用；另一方面，考虑到股债之间的"跷跷板"关系（将在下一节详细说明），可以投入与指数相反的标的中。

第二步，确定指数基金。

我们可以在很多指数网站上查阅到当前各种指数的估值信息（见表7-2）。

表7-2 各种指数的估值信息表

指数	市盈率	市盈率百分位/（%）	估值区域
A指数	14.20	0.04	低估区域
B指数	13.61	3.73	
C指数	28.22	7.10	
D指数	10.62	12.91	
E指数	19.69	18.45	
F指数	23.08	20.04	较低估区域
G指数	9.37	25.34	
H指数	23.45	26.86	
I指数	30.56	29.15	
J指数	20.50	47.45	合理区域
K指数	23.57	54.80	
L指数	18.58	58.52	

采取第一种定投方式，应尽量从低估区域选择3个指数。需要强调的是，应该尽量选择相关性比较小的3个指数。

对采取第二种定投方式的指数，因为投资周期往往比较长，选择A股市场典型代表的指数即可，例如沪深300、中证500，而且它们之间的相关性并不大。

确定完指数之后，需要选择跟踪指数的指数基金，一般采用"3+1"的标准筛选：基金规模尽量要大于2亿元，至少要大于1亿元；对费率进行横向比较，费率越低越好；指数基金的跟踪误差越低越好，至少要在该指标的均值以内（例如，跟踪一个指数的两个指数基金，一个跟踪误差是4.2%，另一个跟踪误差是1.9%，而跟踪误差指标均值是2.5%，这时显然要选择后者）；指数基金的成立时间不低于3年。

第三步，确定定投策略。

在开始定投之前，第一种方式的定投策略一定要明确，包括什么时候卖出、如何换指数、卖出的资金怎么办等。

采取第一种定投方式的3个指数基金，可以在达到20%或30%的目标收益率之后卖出，也可以在指数进入估值合理区域之后"落袋为安"。这两种止盈的方式都可以采用，但是在开始定投之前一定要确定止盈方式，不可以在定投过程中在两种止盈方式之间摇摆不定。

在其中一个指数基金达到止盈标准且全部卖出之后，重新在指数估值信息表中选择新的符合投资标准的指数，再选择跟踪该指数的指数基金，开始新一轮的定投。

至于已卖出部分获得的收益，可以根据近期资金使用情况留存使用，也可以分拆成24—36份（2年或3年的定投资金），继续作为定投资金，与重新选择的指数基金一起定投，获得新一轮的收益。就这样不断重复，在不同指数之间轮动。

另外，采取第二种定投方式的2种指数基金，止盈方式很明确，要耐心等到80%及以上的市盈率百分位之后全部卖出。对这部分已获得大幅收益的资金，可以作为其他投资方式的投资资金使用（例如可投入股票、债券基金）。此外，也可以等到指数的估值重新回到低估区域之后，开始新一轮的定投，并不断重复这个过程。

·第三节·

有什么投资方法让你平稳穿越牛熊市？

我国的A股市场大多数时候是震荡行情，近20年只出现过3次牛市（格雷厄姆指数小于1），最近的一次出现在2015年，至今已有9年的时间（见图7-8）。所以，对绝大多数投资者来说，想获得很高的收益，需要做的就是耐心等待。

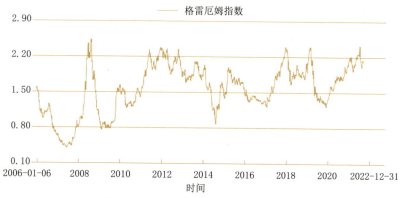

图7-8　A股市场格雷厄姆指数的变化

从图7-8能够看出，与很少出现牛市相对应的是，A股市场经常出现熊市，这导致的结果就是还没有涨多少就跌了回去赔了本。

其实，很多时候股票涨到一定程度却不卖，很重要的原因在于很多人持有"牛市心态"，尤其是传说A股每隔七八年来一次牛市，人们担心错过难得的赚大钱的机会。

然而，现实的情况经常令很多投资者们感到失望。以最近的两次伪行情为例，在2018年初的时候，股市涨到一定程度（格雷厄姆指数为1.22）之后，用了大约一年的时间又跌回到股市的极低估区域（格雷厄姆指数为2.40）；在2021年春节过后，股市从相对的高点（格雷厄姆指数同样为1.22），用了一年多的时间又跌回到低估区域（格雷厄姆指数达到了2.42）。也就是说，2018年初和2021年初，股市在离牛市的标准还有看似不太遥远的距离的时候，又跌了回去。

如果说震荡行情中有上述问题，那么在单边行情（单边行情是指股指走势只朝着一个方向，或者是只涨不跌，或者是只跌不涨，盘内不会有大幅震荡）中，还容易出现以下问题：单边上涨的时候，容易不知所措，卖吧，怕卖早了，买吧，又担心行情回头，把之前赚到的部分一起搭进去；单边下跌的时候，也不知所措，买吧，担心继续跌，卖吧，又担心行情回头……在这种不断考验人性的过程中，大多数人不仅没获得什么收益，还长期处于亏损的状态。

那么，面对这种"牛短熊长"的A股市场，有什么办法能让投资者们在保持较好心态的同时，获得稳定的收益呢？（其实，仔细琢磨就会明白，心态与收益之间有一定"相互成全"的关系，即往往心态好的人在股市中容易获得稳定的收益，而能够稳定获得不错的收益的时候，心态自然会好。）

其实，有一个穿越牛熊市的办法，就是格雷厄姆在《聪明的投资者》中提到的50∶50股债配置组合。简单来说，就是用50％的资金买入股票，用50％的资金买入债券，每隔一段时间再将其组合调整到50∶50的比例。也就是说，经过一段时间之后，如果股票的仓位超出债券的仓位，则卖出超出部分的一半，将二者的仓位重新调整到50∶50；反过来，当债券的仓位超过股票的时候，同样卖出超出部分的一半，将二者的仓位重新调整到50∶50。

股票市场的特点是波动较大，但长期来看收益也大；而债券市场的特点是波动较小，长期来看收益缓慢上涨。股票与债券之间，尤其是中长期债券之间存在一定程度的"跷跷板"效应（见图7-9）。

因此，当股票和债券这两种资产作为一个组合进行投资的时候，可以让组合资金更为平滑地穿越股市的震荡期甚至牛熊市，最终做到心态上和收益上的"双稳定"。

股票 ………… 债券 ------ 按50:50比例股债动态平衡效果 ———

图7-9 按50:50比例股债动态平衡效果

说到这里，想必读者会有这样的疑问：什么是股票和债券之间的"跷跷板"效应？为什么股票和债券之间存在"跷跷板"效应？

所谓股票与债券之间的"跷跷板"效应，指的是股票和债券行情像跷跷板一样呈现"你涨我跌"的现象。之所以存在"跷跷板"效应，可以从以下两个角度去理解。

一个是从经济基本面来看，作为金融市场中最为重要的两大资产，股票反映的是经济基本面的好坏，当经济预期向好时，股市往往表现出高昂的情绪，整体上涨；当经济预期向下时，股市又表现出悲观的情绪，整体下跌。然而，对债券而言，经济预期向好时，社会上的融资意愿强烈，推动债券利率的上升，会导致之前购买的债券价格下跌；反过来，当经济预期向下时，社会上的融资意愿不够强烈，新发行的债券利率会下降，之前购买的债券的价格会上涨。

另一个是从市场资金面来看，股票资产和债券资产的资金量在短期内相对恒定，当股市上涨时，意味着很多投资者把资金从债券市场转向了股票市场，会导致债券价格的下跌；当股市下跌时，投资者往往比较悲观，倾向于把股票市场里的资金转移到债券市场，会导致债券价格的上涨。

需要强调的是，虽然股票和债券理论上存在"跷跷板"效应，但金融市场的现象很多时候不能用单一的理论去解释,所以这种"跷跷板"现象也不是绝对的,有时也会出现股票与债券双双向好或双双向下的情况。

此外,对股债动态再平衡,还需要注意以下几个问题。

第一,就像遵循股票投资的底层逻辑一样,要确保股票资产的长期上涨,建议选择沪深300指数基金、中证500指数基金等宽基指数基金。不选择股票而选择基金的另一个原因是相比于股票的价格,基金的净值低很多,所以更容易实现精细化的平衡。

第二,相比于短债基金,中长期纯债基金的波动更容易受到债券利率的影响,理论上与股票之间存在更明显的"跷跷板"效应,从而使资产组合的总资金量变化更为平滑。此外,一定要选择中长期纯债基金作为与股票资产动态再平衡的标的,因为其他混合债券基金由基金经理在基金仓位内部调整,而这个时候如果我们再调整股票与债券的比例,就意味着重复性调整,一定程度上会失去平衡的效果。

第三,对指数基金和债券基金进行动态再平衡时,即使投资开始的时机看似对资产组合影响不大,但仍建议从指数的低估区域开始投资。

第四,仓位调整的频次不宜过高,也不能太低,建议每隔半年或一年进行一次调整。调仓过于频繁,一方面会引起交易费用的增加,影响整体收益;另一方面,在一段行情走势未充分呈现时频繁调仓,起不到很好的稳定和平滑的作用。

第五,如果说定投是用未来赚到的钱进行投资的话,那么做股债动态再平衡的投资更适合用已有的资金投资。所以,可以把通过定投赚到的钱,也就是已有的资金纳入股债动态再平衡的组合,让那些资金换个方式为你"工作"。

说了这么多，那股债动态再平衡的实际效果怎么样呢？我们以沪深300指数基金和中长期纯债指数基金为例，对2012—2022年期间的组合投资收益情况进行了回测。每年年底最后一个交易日进行一次动态平衡，将沪深300指数基金和中长期纯债基金的资产比例重新调整到50∶50的比例。回测结果见图7-10。

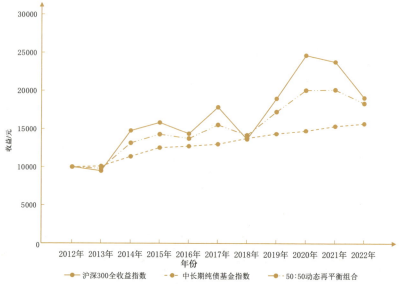

图7-10 沪深300指数基金和中长期纯债基金50∶50动态再平衡组合的回测结果

10000元的本金，10年之后，通过50∶50动态再平衡投资组合获得了8350元左右的收益，复合年化收益率在6.3%左右。与此同时，沪深300全收益指数（沪深300指数的股息计入指数的收益）和中长期纯债基金指数的复合年化收益率分别在6.7%、4.6%左右。

通过数据对比，沪深300指数基金和中长期纯债基金按50∶50比例组合的投资年化收益率与沪深300指数基金相当，但波动明显小了很多，适合心态容易受波动影响的投资者。

股债50∶50比例动态再平衡的方法是最简单的股债动态再平衡方法，对减少波动性有一定的效果。然而，从股票投资的底层逻辑来看，始终固定为50∶50的比例与"低估区域增加股票仓位、高估区域减少股票仓位"的原则并不完全相符。

那么，如果按照股票投资的底层逻辑，随着股市的高估，不断下调指数基金的仓位比例，随着股市的下跌，不断上调指数基金的仓位比例，会是怎样的结果呢？

我们可以设置一个较为简单的动态比例（见图7-11）：每到年底最后一个交易日进行调仓，如果沪深300指数过去10年的市盈率百分位在0%—20%，则沪深300指数基金的仓位为80%；如果沪深300指数过去10年的市盈率百分位在20%—40%，则沪深300指数基金的仓位为60%；如果沪深300指数过去10年的市盈率百分位在40%—60%，则沪深300指数基金的仓位为40%；如果沪深300指数过去10年的市盈率百分位在60%—80%，则沪深300指数基金的仓位为20%；如果沪深300指数过去10年的市盈率百分位在80%—100%，则沪深300指数基金的仓位为0%。

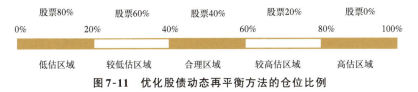

图7-11 优化股债动态再平衡方法的仓位比例

在这里需要强调的是，低估、较低估、合理、较高估、高估区域的划分没有严格的标准，同时股票资产的仓位比例也没有严格的标准（也可以这样划分区域：0%—10%、10%—20%、20%—30%……），关键是要符合股票投资的底层逻辑，并采用提前制定好的投资计划，克服人性弱点，获得稳定的收益。

按照上文介绍的调仓方法，我们同样以沪深300指数基金和中长期纯债指数基金为例，对2013—2022年期间的组合投资收益情况进行了回测。每年年底最后一个交易日，根据沪深300指数近10年的市盈率百分位来优化沪深300指数基金和中长期纯债基金的资产比例。回测结果见图7-12。

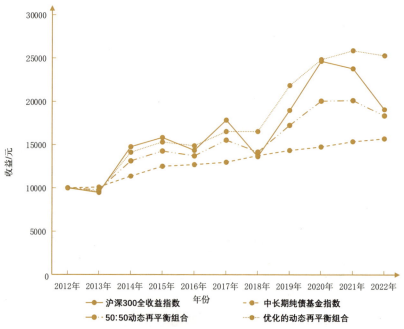

图 7-12　沪深 300 指数基金和中长期纯债基金优化动态再平衡组合的回测结果

10000元的本金，采用优化的股债动态再平衡方法，通过10年的时间获得了15290元左右的收益，复合年化收益率在9.7%左右，远远超出沪深300全收益指数（6.7%左右），以及沪深300指数基金和中长期纯债基金50∶50比例组合的复合年化收益率（6.3%左右）。

相比于50∶50比例组合，优化的股债动态再平衡方法能够在股市低估的时候，以低价买入更多的指数基金份额，配置更多的股票资产的仓位，为未来的高收益奠定基础。与此同时，在股价上涨过程中不断降低股票资产的仓位，降低了未来下跌的风险，从而保证了投资组合较小的波动性。因此，这种收益可观、波动较小的优化版股债动态再平衡方法非常适合绝大多数普通投资者。

·第四节·

几年后需要一笔钱，怎么靠投资实现？

优化的定投方法、优化的股债动态再平衡方法，分别是在普通的定投方法、50∶50比例股债动态再平衡方法基础上改良的投资方法，长期来看，都能够获得稳定的收益。

这两种投资方法，如果说有什么不足之处，就是不知道自己的投资资金在什么阶段会达到多少，是一种对未来未知的状态，缺乏目标感。

那么，假如你想在10年之后，攒够50万元作为孩子的留学费用或者结婚费用，又或者是作为自己的养老储备金，如何通过投资实现呢？有一个方法可以帮你在指定的时间内达到具体的资金目标，这就是价值平均策略。

价值平均策略，最早是由美国纳斯达克首席经济学家、哈佛商学院教授迈克尔·埃德尔森在其著作《价值平均策略——获得高投资收益的安全简便方法》中提出的，是以市值为参考目标，随定投时间增加而恒定增加市值的策略，为投资者提供了一种有效的公式化投资策略。就因为具有这样的特点，价值平均策略也被称为目标市值法。

回到上面的问题，10年之后想攒够50万元，50万元这个目标是比较精准的，不是模糊的、大概的。因此，在选择投资标的的时候，要选用长期增长确定性有保障的投资标的，例如沪深300指数；指数预期复合收益率的取值稍微保守一点，例如8.16%（近20年沪深300指数的ROE保持在10%—15%，沪深300指数的复合年化收益率在9%—11%）。

确定了终值（50万元，用F表示）、时间期限（10年）、预期复合收益率（8.16%），下一步我们需要确定的是定投期数、每期大致定投多少钱，以及每期投完之后市值应该达到多少。

首先，在《价值平均策略——获得高投资收益的安全简便方法》这本书里，迈克尔·埃德尔森建议，每年进行2—4次的比例调整是比较合理的，适当拉长调整周期能够更加有效地利用中级波段，实现更高的投资效益。在上面的问题里，我们平均半年调仓一次，意味着总共有20个调仓期。

其次，需要计算一下每期大致定投多少钱，金融术语叫年金，用A表示。现在，知道终值、投资期数、投资利率，计算的公式为：$A=F/(F/A, i, n)=F\times(A/F,i,n)$，其中，$(F/A,i,n)$称为年金终值系数，$(A/F,i,n)$称为偿债基金系数，$F$为终值，$i$为利率（或收益率），$n$为期次。

偿债基金系数可以通过偿债基金系数表查到（见表7-3）。

通过表7-3查得，在期次为20次、每期次（半年）时间段的利率为4%（年复合收益率为8.16%时，半年的复合收益率为4%，即$\sqrt{(1+0.0816)}-1=0.04$）的条件下，偿债基金系数为0.0336，则$A=500000元\times 0.0336=16800元$。

表 7-3　偿债基金系数表 $(A/F, i, n)$

利率

期数	1%	2%	3%	4%	5%	6%	7%	8%	9%	10%	11%	12%	13%	14%	15%
1	1.0000	1.0000	1.0000	1.0000	1.0000	1.0000	1.0000	1.0000	1.0000	1.0000	1.0000	1.0000	1.0000	1.0000	1.0000
2	0.4975	0.4950	0.4926	0.4902	0.4878	0.4854	0.4831	0.4808	0.4785	0.4762	0.4739	0.4717	0.4695	0.4673	0.4651
3	0.3300	0.3268	0.3235	0.3203	0.3172	0.3141	0.3111	0.3080	0.3051	0.3021	0.2992	0.2963	0.2935	0.2907	0.2880
4	0.2463	0.2426	0.2390	0.2355	0.2320	0.2286	0.2252	0.2219	0.2187	0.2155	0.2123	0.2092	0.2062	0.2032	0.2003
5	0.1960	0.1922	0.1884	0.1846	0.1810	0.1774	0.1739	0.1705	0.1671	0.1638	0.1606	0.1574	0.1543	0.1513	0.1483
6	0.1625	0.1585	0.1546	0.1508	0.1470	0.1434	0.1398	0.1363	0.1329	0.1296	0.1264	0.1232	0.1202	0.1172	0.1142
7	0.1386	0.1345	0.1305	0.1266	0.1228	0.1191	0.1156	0.1121	0.1087	0.1054	0.1022	0.0991	0.0961	0.0932	0.0904
8	0.1207	0.1165	0.1125	0.1085	0.1047	0.1010	0.0975	0.0940	0.0907	0.0874	0.0843	0.0813	0.0784	0.0756	0.0729
9	0.1067	0.1025	0.0984	0.0945	0.0907	0.0870	0.0835	0.0801	0.0768	0.0736	0.0706	0.0677	0.0649	0.0622	0.0596
10	0.0956	0.0913	0.0872	0.0833	0.0795	0.0759	0.0724	0.0690	0.0658	0.0627	0.0598	0.0570	0.0543	0.0517	0.0493
11	0.0865	0.0822	0.0781	0.0741	0.0704	0.0668	0.0634	0.0601	0.0569	0.0540	0.0511	0.0484	0.0458	0.0434	0.0411
12	0.0788	0.1746	0.0705	0.0666	0.0628	0.0593	0.0559	0.0527	0.0497	0.0468	0.0440	0.0414	0.0390	0.0367	0.0345
13	0.0724	0.0681	0.0640	0.0601	0.0565	0.0530	0.0497	0.0465	0.0436	0.0408	0.0382	0.0357	0.0334	0.0312	0.0291
14	0.0669	0.0626	0.0585	0.0547	0.0510	0.0476	0.0443	0.0413	0.0384	0.0357	0.0332	0.0309	0.0287	0.0266	0.0247
15	0.0621	0.0578	0.0538	0.0499	0.0463	0.0430	0.0398	0.0368	0.0341	0.0315	0.0291	0.0268	0.0247	0.0228	0.0210
16	0.0579	0.0537	0.0496	0.0458	0.0423	0.0390	0.0359	0.0330	0.0303	0.0278	0.0255	0.02334	0.0214	0.0196	0.0179

续表

期数	利率														
	1%	2%	3%	4%	5%	6%	7%	8%	9%	10%	11%	12%	13%	14%	15%
17	0.0543	0.0500	0.0460	0.0422	0.0387	0.0354	0.0324	0.0296	0.0270	0.0247	0.0225	0.0205	0.0186	0.0169	0.0154
18	0.0510	0.0467	0.0427	0.0390	0.0355	0.0324	0.0294	0.0267	0.0242	0.0219	0.0198	0.0179	0.0162	0.0146	0.0132
19	0.0481	0.0438	0.0398	0.0361	0.0327	0.0296	0.0268	0.0241	0.0217	0.0195	0.0176	0.0158	0.0141	0.0127	0.0113
20	0.0454	0.0412	0.0372	0.0336	0.0302	0.0272	0.0244	0.0219	0.0195	0.0175	0.0156	0.0139	0.0124	0.0110	0.0098
21	0.0430	0.0388	0.0349	0.0313	0.0280	0.0250	0.0223	0.0198	0.0176	0.0156	0.0138	0.0122	0.0108	0.0095	0.0084
22	0.0409	0.0366	0.0327	0.0292	0.0260	0.0230	0.0204	0.0180	0.0159	0.0140	0.0123	0.0108	0.0095	0.0083	0.0073
23	0.0389	0.0347	0.0308	0.0273	0.0241	0.0213	0.0187	0.0164	0.0144	0.0126	0.0110	0.0096	0.0083	0.0072	0.0063
24	0.0371	0.0329	0.0290	0.0256	0.0225	0.0197	0.0172	0.0150	0.0130	0.0113	0.0098	0.0085	0.0073	0.0063	0.0054
25	0.0354	0.0312	0.0274	0.0240	0.0210	0.0182	0.0158	0.0137	0.0118	0.0102	0.0087	0.0075	0.0064	0.0055	0.0047
26	0.0339	0.0297	0.0259	0.0226	0.0196	0.0169	0.0146	0.0125	0.1070	0.0092	0.0078	0.0067	0.0057	0.0048	0.0041
27	0.0324	0.0283	0.0246	0.0212	0.0183	0.0157	0.0134	0.0114	0.0097	0.0083	0.0070	0.0059	0.0050	0.0042	0.0035
28	0.0311	0.0270	0.0233	0.0200	0.0171	0.0146	0.0124	0.0105	0.0089	0.0075	0.0063	0.0052	0.0044	0.0037	0.0031
29	0.0299	0.0258	0.0221	0.0189	0.0160	0.0136	0.0114	0.0096	0.0081	0.0067	0.0056	0.0047	0.0039	0.0032	0.0027
30	0.0287	0.0246	0.0210	0.0178	0.0151	0.0126	0.0106	0.0088	0.0073	0.0061	0.0050	0.0041	0.0034	0.0028	0.0023

需要说明的是,这个本金并不是每期需要定投的金额,算出这个金额是为了确定每期的目标市值。什么意思呢?

如果每期(半年)定投之间的增长率都是4%,那么其市值会走出图7-13中的目标市值曲线,在这种情况下,每期只需要定投16800元即可。但是,现实中不会走出这样光滑的曲线,而是会走出图7-13中的实际市值波动曲线,需要通过每期不同的定投量把曲线拉回到这个时间点的目标值上。也就是说,当某一期的实际市值达不到目标值时,需要投入超过16800元的资金量,以达到目标值;当某一期的实际市值超过目标市值时,需要投入少于16800元的资金量,以达到目标值;甚至到了后期资金量比较大时,有可能会出现某一期实际市值超过的数额大于16800元的情况,这个时候不仅不要投资,还要卖出一部分基金,以调整到目标值。

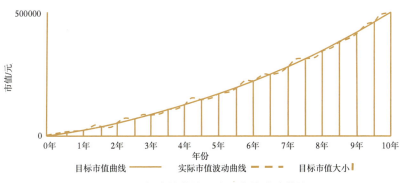

图7-13 目标市值曲线和实际市值波动曲线1

那每期末的目标市值是多少呢?

第1期(0.5年末)的目标市值为16800元;第2期(1年末)的目标市值为16800元×(1+4%)+16800元=34272元;第3期(1.5年末)的目标市值为34272元×(1+4%)+16800元=52443

元；第4期（2年末）的目标市值为52443元×（1+4%）+16800元=71341元。依此类推，最后得出每一期的目标市值（见表7-4）。

表7-4 每期目标市值

期数	第几年末	目标市值/元	期数	第几年末	目标市值/元
1	0.5	16800	11	5.5	226572
2	1	34272	12	6	252435
3	1.5	52443	13	6.5	279332
4	2	71341	14	7	307305
5	2.5	90995	15	7.5	336397
6	3	111435	16	8	366653
7	3.5	132692	17	8.5	398119
8	4	154800	18	9	430844
9	4.5	177792	19	9.5	464878
10	5	201704	20	10	500273

需要强调的是，最后得出来的数据（500273元）之所以与目标值存在一定的偏差，原因在于偿债基金系数表里的数据本身是四舍五入的结果，在10年间"利滚利"的作用下其偏差不断被放大，但这样的偏差与最终目标值相比，几乎可以忽略不计。

假设，实际的走势是这样：第1期的目标市值为16800元，所以第一次需要投入16800元；在第1期和第2期之间上涨了1.50%，即16800元×（1+1.50%）=17052元，而表7-4中第2期末的目标市值为34272元，所以定投量应该是17220元（34272元−17052元=17220元，注意，目标市值不是16800元）；紧接着，在第2期和第3期之间上涨了5.61%，即34272元×（1+5.61%）=36194元，而表

7-4中第3期末的目标市值为52443元,因此定投量应该是16249元(52443元－36194元＝16249元),由于这期间的实际收益率超出了预期收益率,所以定投量低于16800元;依此类推,在第16期和第17期之间上涨了8.95%,调整前市值达到366653元(第16期市值目标值)×(1+8.95%)＝399468元,超出第17期的目标市值(398119元),这个时候不仅不投,还要赎回超出的部分,即399468元－398119元＝1349元。

可见,价值平均策略是在一定预期收益率和每一期目标市值的指导下,通过加仓或减仓的方式不断调整市值的过程,以期最终达到目标市值。

上述例子是在起始资金为0元的条件下,分很多次进行定投,在此过程中不断增加市值。与它完全不同的一种情况是,在资金比较充足的情况下,通过计算得出一次性投资的资金量,以及每一期应达到的目标市值,然后在未来很长的时间内定期对市值进行调整,最后达到最终的目标市值。

还是上述的例子,利用10年的时间,最终目标市值仍然是50万元,预期收益率仍然是8.16%,共分20期。那么,我们需要确定初次投资资金量,金融术语称为现值(P)。

$P \times (1+i)^n = F$,则 $P = F/(1+i)^n = F \times (P/F, i, n)$,其中,$(P/F, i, n)$ 为复利现值系数。

复利现值系数可以通过复利现值系数表查到(见表7-5)。

表 7-5 复利现值系数表 (P/F, i, n)

期数	1%	2%	3%	4%	5%	6%	7%	8%	9%	10%	11%	12%	13%	14%	15%
1	0.9901	0.9804	0.9709	0.9615	0.9524	0.9434	0.9346	0.9259	0.9174	0.9091	0.9009	0.8929	0.8850	0.8772	0.8696
2	0.9803	0.9612	0.9426	0.9246	0.9070	0.8900	0.8734	0.8573	0.8417	0.8264	0.8116	0.7972	0.7831	0.7695	0.7561
3	0.9706	0.9423	0.9151	0.8890	0.8638	0.8396	0.8163	0.7938	0.7722	0.7513	0.7312	0.7118	0.6931	0.6750	0.6575
4	0.9610	0.9238	0.8885	0.8548	0.8227	0.7921	0.7629	0.7350	0.7084	0.6830	0.6587	0.6355	0.6133	0.5921	0.5718
5	0.9515	0.9057	0.8626	0.8219	0.7835	0.7473	0.7130	0.6806	0.6499	0.6209	0.5935	0.5674	0.5428	0.5194	0.4972
6	0.9420	0.8880	0.8375	0.7903	0.7462	0.7050	0.6663	0.6302	0.5963	0.5645	0.5346	0.5066	0.4803	0.4556	0.4323
7	0.9327	0.8706	0.8131	0.7599	0.7107	0.6651	0.6227	0.5835	0.5470	0.5132	0.4817	0.4523	0.4251	0.3996	0.3759
8	0.9235	0.8535	0.7894	0.7307	0.6768	0.6274	0.5820	0.5403	0.5019	0.4665	0.4339	0.4039	0.3762	0.3506	0.3269
9	0.9143	0.8368	0.7664	0.7026	0.6446	0.5919	0.5439	0.5002	0.4604	0.4241	0.3909	0.3606	0.3329	0.3075	0.2843
10	0.9053	0.8203	0.7441	0.6756	0.6139	0.5584	0.5083	0.4632	0.4224	0.3855	0.3522	0.3220	0.2946	0.2697	0.2472
11	0.8963	0.8043	0.7224	0.6496	0.5847	0.5268	0.4751	0.4289	0.3875	0.3505	0.3173	0.2875	0.2607	0.2366	0.2149
12	0.8874	0.7885	0.7014	0.6246	0.5568	0.4970	0.4440	0.3971	0.3555	0.3186	0.2858	0.2567	0.2307	0.2076	0.1869
13	0.8787	0.7730	0.6810	0.6006	0.5303	0.4688	0.4150	0.3677	0.3262	0.2897	0.2575	0.2292	0.2042	0.1821	0.1625
14	0.8700	0.7579	0.6611	0.5775	0.5051	0.4423	0.3878	0.3405	0.2992	0.2633	0.2320	0.2046	0.1807	0.1597	0.1413
15	0.8613	0.7430	0.6419	0.5553	0.4810	0.4173	0.3624	0.3152	0.2745	0.2394	0.2090	0.1827	0.1599	0.1401	0.1229

续表

期数	1%	2%	3%	4%	5%	6%	7%	8%	9%	10%	11%	12%	13%	14%	15%
16	0.8528	0.7284	0.6232	0.5339	0.4581	0.3936	0.3387	0.2919	0.2519	0.2176	0.1883	0.1631	0.1415	0.1229	0.1069
17	0.8444	0.7142	0.6050	0.5134	0.4363	0.3714	0.3166	0.2703	0.2311	0.1978	0.1696	0.1456	0.1252	0.1078	0.0929
18	0.8360	0.7002	0.5874	0.4936	0.4155	0.3503	0.2959	0.2502	0.2120	0.1799	0.1528	0.1300	0.1108	0.0946	0.0808
19	0.8277	0.6864	0.5703	0.4746	0.3957	0.3305	0.2765	0.2317	0.1945	0.1635	0.1377	0.1161	0.0981	0.0829	0.0703
20	0.8195	0.6730	0.5537	0.4564	0.3769	0.3118	0.2584	0.2145	0.1784	0.1486	0.1240	0.1037	0.0868	0.0728	0.0611
21	0.8114	0.6598	0.5375	0.4388	0.3589	0.2942	0.2415	0.1987	0.1637	0.1351	0.1117	0.0926	0.0768	0.0638	0.0531
22	0.8034	0.6468	0.5219	0.4220	0.3418	0.2775	0.2257	0.1839	0.1502	0.1228	0.1007	0.0826	0.0680	0.0560	0.0462
23	0.7954	0.6342	0.5067	0.4057	0.3256	0.2618	0.2109	0.1703	0.1378	0.1117	0.0907	0.0738	0.0601	0.0491	0.0402
24	0.7876	0.6217	0.4919	0.3901	0.3101	0.2470	0.1971	0.1577	0.1264	0.1015	0.0817	0.0659	0.0532	0.0431	0.0349
25	0.7798	0.6095	0.4776	0.3751	0.2953	0.2330	0.1842	0.1460	0.1160	0.0923	0.0736	0.0588	0.0471	0.0378	0.0304
26	0.7720	0.5976	0.4637	0.3607	0.2812	0.2198	0.1722	0.1352	0.1064	0.0839	0.0663	0.0525	0.0417	0.0331	0.0264
27	0.7644	0.5859	0.4502	0.3468	0.2678	0.2074	0.1609	0.1252	0.0976	0.0763	0.0597	0.0469	0.0369	0.0291	0.0230
28	0.7568	0.5744	0.4371	0.3335	0.2551	0.1956	0.1504	0.1159	0.0895	0.0693	0.0538	0.0419	0.0326	0.0255	0.0200
29	0.7493	0.5631	0.4243	0.3207	0.2429	0.1846	0.1406	0.1073	0.0822	0.0630	0.0485	0.0374	0.0289	0.0224	0.0174
30	0.7419	0.5521	0.4120	0.3083	0.2314	0.1741	0.1314	0.0994	0.0754	0.0573	0.0437	0.0334	0.0256	0.0196	0.0151

通过表7-5查得，在期次为20次、每期次（半年）时间段的利率为4%的条件下，复利现值系数为0.4564，则 $P=500000$ 元 $\times 0.4564=228200$ 元，即初始投入资金为228200元。

那么每期末的目标市值是多少呢？

开始（相当于第0期）投入资金228200元，第1期（0.5年末）的目标市值为228200元×（1+4%）＝237328元；第2期（1年末）的目标市值为237328元×（1+4%）＝246821元；第3期（1.5年末）的目标市值为246821元×（1+4%）＝256693元。依次类推，最后得出每一期的目标市值（见表7-6）。

表7-6　每期目标市值

期数	第几年末	目标市值/元	期数	第几年末	目标市值/元
1	0.5	237328	11	5.5	351297
2	1	246821	12	6	365348
3	1.5	256693	13	6.5	379961
4	2	266960	14	7	395159
5	2.5	277638	15	7.5	410965
6	3	288743	16	8	427403
7	3.5	300292	17	8.5	444499
8	4	312303	18	9	462278
9	4.5	324795	19	9.5	480769
10	5	337786	20	10	500000

假设，实际的走势是这样：投入初始资金之后，上涨了3.51%，达到228200元×（1+3.51%）＝236209元，而表7-6中第1期末的目标市值为237328元，所以应该增加投入1119元（237328元－236209元＝1119元）；在第1期和第2期之间上涨了6.52%，即237328元×（1+6.52%）＝252801元，应该卖出超出目标市值

（246821元）的部分，即252801元－246821元＝5980元；依此类推，在第19期和20期之间下跌了3.24%，即480769元×（1－3.24%）＝465192元，未达到最终的目标值50万元，所以需要补上34808元（500000元－465192元＝34808元）。

如果每期之间的增长率都是4%，那么其市值会走出图7-14中的目标市值曲线，在这种情况下，无须调整。但是，现实的情况会走出图7-14中的实际市值波动曲线，而且越往后波动绝对值越大，需要通过每期不断的调整重新回到对应时间点的目标值上。

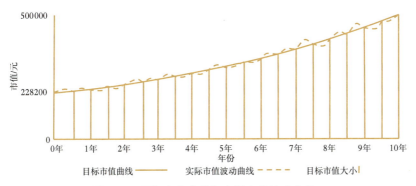

图7-14 目标市值曲线和实际市值波动曲线2

运用价值平均策略投资的过程中，有几点需要注意一下。

第一，上述的两个例子都是相对极端的情况，第一种是完全没有初始资金的情况，完全靠后期的定投和调整实现目标；第二种是通过最终目标市值和预期收益率计算得出初始投资资金后，从第1期末开始根据每一期的目标市值不断调整市值，最终实现目标。

其实，现实中除了这两种情况，还会有第三种情况，就是有一定的初始资金（假如有5万元的初始资金）。在这种情况下，如果当时市值在低估区域（例如估值百分位在20%以下），可以先投资这部分资金，然后用第二种方法，计算出这些初始资金在未来的每一期（包括最后一期）应达到的目标市值。初始资金最后一期的目标市值为109556元（＝50000×（1＋4％）[20]），离最终目标值50万元还差390444元（＝500000元－109556元），最后用类似第一种方法计算出定投每一期应达到的目标市值。

计算出初始资金在每一期应达到的目标市值和定投每一期应达到的目标市值之后，将这两个目标市值加起来，就得到每一期应达到的目标市值，投资过程中根据该目标市值不断调整即可。

总之，就是需要把每一期应达到的目标市值都计算好，然后按部就班调整就可以了。

第二，沪深300指数也好，中证500指数也好，指数内股票的分红会对指数的大小产生影响（变小），而指数基金是跟踪指数的基金，指数内股票分红的部分会通过基金分红的方式返给投资者。因此，如果投资者要实现指数的实际增长率，就需要把基金的分红部分继续投入基金。

第三，考虑到在基金的买卖过程中存在一定的手续费，投资者需要在买卖过程中把这部分手续费也考虑进去，以做到更加精准。

第四，如图7-15所示，应该尽量从低估区域（1点）开始投资，最差也要从合理区域（2点）开始投资，如果从高估区域（3点）开始投资，一旦跌下来，不仅要不断增加投资量，还会对投资者的心理造成较大压力，而且更为糟糕的情况是，如果大多数时候是在补仓，那么开始投资的点位越高，后期补仓量越大。所以，初始资金量越大，越要从更低估的区域开始投资，这对投资者在投资过程中获得良好的心理感受是非常重要的。

不仅如此，在低估区域开始投入还有一个好处，就是有更大的概率在计划好的最后一期之前实现目标市值。一旦实现了目标，就要遵循初心，全部清仓，而不要"恋战"。

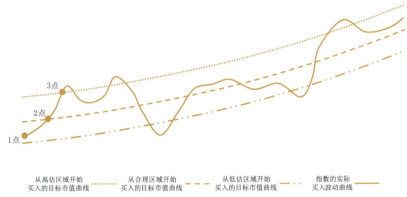

图 7-15　在不同估值区域买入的目标市值曲线